付　宏　　汪金伟　　宋来胜　编著

湖北省
产业结构优化升级与
生态文明建设融合发展研究

HUBEISHENG CHANYE JIEGOU YOUHUA SHENGJI YU
SHENGTAI WENMING JIANSHE
RONGHE FAZHAN YANJIU

中国财经出版传媒集团
经济科学出版社
Economic Science Press

图书在版编目（CIP）数据

湖北省产业结构优化升级与生态文明建设融合发展研究/付宏，汪金伟，宋来胜编著 . —北京：经济科学出版社，2019.6

ISBN 978 - 7 - 5218 - 0501 - 7

Ⅰ.①湖…　Ⅱ.①付…②汪…③宋…　Ⅲ.①区域产业结构 - 产业结构优化 - 关系 - 生态环境建设 - 研究 - 湖北　Ⅳ.①F127.63②X321.263

中国版本图书馆 CIP 数据核字（2019）第 080461 号

责任编辑：申先菊　王海荣
责任校对：靳玉环
版式设计：齐　杰
责任印制：邱　天

湖北省产业结构优化升级与生态文明建设融合发展研究
付　宏　汪金伟　宋来胜　编著
经济科学出版社出版、发行　新华书店经销
社址：北京市海淀区阜成路甲 28 号　邮编：100142
总编部电话：010 - 88191217　发行部电话：010 - 88191522
网址：www. esp. com. cn
电子邮件：esp@ esp. com. cn
天猫网店：经济科学出版社旗舰店
网址：http: //jjkxcbs. tmall. com
北京季蜂印刷有限公司印装
880 × 1230　32 开　5.125 印张　200000 字
2019 年 6 月第 1 版　2019 年 6 月第 1 次印刷
ISBN 978 - 7 - 5218 - 0501 - 7　定价：89.00 元
（图书出现印装问题，本社负责调换。电话：010 - 88191510）
（版权所有　侵权必究　打击盗版　举报热线：010 - 88191661
QQ：2242791300　营销中心电话：010 - 88191537
电子邮箱：dbts@ esp. com. cn）

前言

　　为实现"把湖北建设成为中部地区崛起重要战略支点，在转变经济发展方式上走在全国前列"这一宏伟目标，迫切需要推进湖北省产业结构优化升级，加快产业结构高级化进程与生态文明建设融合发展，奋力谱写新时代湖北省高质量发展新篇章。自 2007 年中共中央批准武汉城市圈为全国资源节约型和环境友好型社会建设综合配套改革试验区以来，湖北省始终是国家绿色发展理念的坚定信仰者和忠实实践者，坚持"生态立省"战略，制定了一系列生态文明建设的政策性文件，积极探索"绿水

青山就是金山银山"的有效实现途径，推动
"建成支点、走在前列"不断取得新进展、新
成效。但是，必须清醒地认识到，作为华中较
大的工业聚集区之一，湖北"高投入、高能
耗、高污染、低产出"的发展模式仍然存在，
产业结构优化升级与生态文明建设融合发展程
度不高，特别是与新时代生态优先、绿色发
展、高质量发展的要求仍有较大差距。

如何实现产业结构调整与生态文明建设的
有机融合发展，推动湖北省产业结构优化升
级，实现经济高质量发展，成为亟须研究的
课题。

一、湖北省产业结构高级化与生态文明建设融合发展水平测度

第一，湖北省产业结构高级化进程较慢，
产业结构高级化水平低于全国平均水平。以通
用的产业结构层次系数为衡量产业结构高级化
水平的指标进行测算，2000—2016 年，湖北省

产业结构高级化水平由 2000 年的 2.221 提升为 2016 年的 2.329，总体上稳步提升，但进程缓慢。2016 年，湖北省产业结构层次系数值为 2.327，低于同期我国 31 个省（自治区、直辖市）产业结构层次系数平均值 2.636。

第二，湖北省生态文明建设水平稳步提升，各地市州生态文明建设水平地区差异明显。我们以湖北省发改委公布的《湖北省绿色发展指标体系》《湖北省生态文明建设考核目标体系》为依据，按照关键指标必选，科学性与客观性、权威性与典型性的原则，结合指标数据的可获得性，选取资源利用、环境治理、环境质量、生态保护 4 个一级指标，能源消费量等 14 个二级指标，构建湖北省生态文明建设水平测度指标体系。根据指标重要程度，分为约束性指标、监测评价指标和其他绿色发展重要监测指标 3 类，按总权数为 100%，3 类指标的权数之比为 3∶2∶1 赋权，测度湖北省生态文明建设水平。经测算，湖北省生态文明建设水平综合指数由 2012 年的 0.5627 稳步提升到 2015 年的 0.6134，年均增长率为 9.01%。湖北省 13 个地市州平均得分结果显示，随州市综合结果平均得分最高（0.7095），黄石市综合结果平均得分最低（0.4519），相对差距明显；湖北省 13 个地市州中有 5 个地区生态文明建设综合水平高于全省平均水平，其中，武汉市生态文明建设水平综合指数最高。

第三，湖北省产业结构高级化与生态文明建设融合程度较低。根据耦合度函数以及常用的耦合协调程度判断标准，湖北省产业结构高级化与生态文明建设耦合协调等级处于"初级协调"阶段。各地产业结构高级化与生态文明建设融合程度也普遍较低。除了武汉市耦合协调度为 0.708，达到"中级协调"外，其他地市州仍然处于"勉强协调"和"初级协调"之间。

二、湖北省产业结构高级化与生态文明建设耦合协调度较低的原因分析

第一，资源节约和环保技术水平仍然不

高。湖北省是科技大省，却不是科技强省。科技成果数量多，但转化率低。2017 年，湖北省登记的高新技术企业总数突破 4300 家，但高新技术产业占国民经济的比重依然偏低，资源节约和环保技术水平还不高，制约着产业结构高级化与生态文明建设水平深度融合发展。

第二，三次产业内部结构非均衡发展，高级化进程滞后。一是现代农业发展不足，基础地位不稳固。近年来，湖北省委、省政府重视"三农"问题，出台了一系列措施，调动了广大农民的积极性，增强了农业综合生产能力，增加了农民的收入，但是，依然存在农业投入不足、基础建设滞后，农业组织化程度低、生产经营规模小，农业土地细碎化、生产经营分散等问题。二是第二产业特别是重化工业发展主要依赖扩张重化工业带来的经济快速增长背后，是湖北省资源能源消耗急剧增加，环境污染日趋严重。三是第三产业发展受到比重偏低与结构性缺陷等矛盾制约。从 2016 年开始，湖北省第三产业产值超过第二产业产值，但横向看，第一产业和第二产业比重明显高于全国的平均水平，而继续发展的第三产业，其增加值占 GDP 的比重则低于全国平均水平。

第三，区域间产业竞争形成价值链低端路径依赖，高级化驱动力不足。生态文明建设中很重要的一个方面就是资源的有效利用和优化配置及其经济结构效益的提高，这必然要求自主创新能力的提升和新兴产业以及知识密集型产业的快速发展，其实质是实现产业结构向高附加值、高技术化和高集约化的演进。国际间产业竞争造成我国产业链"两端在外"，并成为"世界工厂"，但产业附加值低。同样，由于国内省际的产业竞争，湖北省同样存在着产业链低端路径依赖问题，经济发展过度依赖投资，从而造成产业结构高级化驱动力不足。

第四，配套传统工业化道路的体制机制影响产业结构升级。目前，湖北省仍不同程度地存在着 GDP 锦标主义，导致一些地方政府不顾资源的消耗和环境的污染，以零地价、财政补贴和金融支持等方式吸引投资，盲目发展那些经济效益好、生态效益差的重化工业，放大了重化工业的弊端，严重破坏了生态环境，影响着产业结构升级。

三、加快湖北省产业结构升级与生态文明建设融合发展的对策建议

（一）指导思想

以习近平新时代中国特色社会主义思想为指导，全面贯彻党的十九大和十九届二中、三中全会精神，认真落实党中央、国务院决策部署，坚定、全面贯彻落实习近平总书记视察湖北重要讲话精神，坚持新发展理念，紧扣我国社会主要矛盾变化。按照高质量发展要求，紧紧围绕统筹推进"五位一体"总体布局和协调推进"四个全面"战略布局，立足湖北省生态文明建设和产业结构发展现状，围绕努力实现

生态文明建设水平不断提高、产业结构不断优化升级的目标，坚持"生态立省"战略，加快形成统筹有力、竞争有序、绿色协调的产业优化升级新机制，实现服务业与农业、工业等在更高水平上有机融合，改善评估机制，适时建立全省产业结构优化与生态文明建设融合发展评价指标体系，引导社会智库研究发布产业结构优化与生态文明建设融合发展指数，促进经济提质增效升级，推动湖北省产业结构优化升级与生态文明建设融合发展。

（二）基本原则

坚持市场主导与政府引导相结合的原则。充分发挥市场在产业结构优化升级新机制建设中的主导作用，更好地发挥政府在产业结构优化升级方面的引导作用，促进产业结构优化升级新机制有效、有序运行。

坚持全省统筹与地市州负责相结合。加强湖北省委、省政府对产业结构优化升级和生态文明建设的统筹安排，制定生态文明建设目标，整体规划产业布局，明确各地市州政府的实施主体责任。

（三）具体措施

第一，创新驱动，促进产业结构优化升级与生态文明建设同频共振。政府要重点支持运用高新技术改造、提升支柱产业和传统产业的技术改造项目，着力培育符合国家产业导向、有广阔市场前景、具有可持续发展优势的光电子信息、生物医药、节能环保和新能源产业。通过实施技术创新和政策创新等措施，提高单位土地、能源、矿产资源、水资源及动植物资源的产出水平。

第二，规划引领，推进产业结构高级化与生态文明建设同图共融。一是进一步优化各地市州开发区布局，整合开发区资源，完善开发区基础设施建设，推动优质要素和重要资源向开发区集中，优质项目和高端产业向开发区集聚，形成三大城市群区域经济竞相发展、合作共赢的良性互动格局。二是要强化产业结构的协调效应。促进技术密集型产业以及服务业的发展，进一步提升农业机械化、服务业现代化水平。

第三，建立产业结构优化与生态文明建设融合发展评估体系。围绕缩小产业结构调整与生态文明建设水平与区域差距、资源利用效率等重点领域，建立产业结构优化与生态文明建设融合发展评估指标体系，科学、客观地评价产业与生态文明融合发展的协调性，为湖北省委、省政府政策制定和调整提供参考。引导社会智库研究发布产业结构优化与生态文明建设融合发展指数。加快建立产业与生态文明之间风险识别和预警预案制度，密切监控突出问题，预先防范并妥善应对生态文明风险。

第四，加快推进湖北省生态文明制度建设，使产业结构优化在生态约束下不断加速。一是必须要建立健全自然资源产权法律制度，加快完成"三线一单"的编制，完善国土空间开发保护方面的法律制度，制定完善大气、水、土壤污染防治等法律法规。二是加快建立让生态损害者赔偿、受益者付费、保护者得到合理补偿的机制。结合深化财税体制改革，完善转移支付制度，归并和规范现有生态保护补偿渠道，加大对重点生态功能区的转移支付力度。

目 录

1

目　录

第一章

绪　论

习近平总书记多次强调，"绿水青山就是金山银山""推进生态文明建设，……必须形成资源节约和保护环境的空间格局、产业结构、生产方式、生活方式"。习近平总书记的生态文明建设思想中蕴含了对建设生态文明与调整产业结构内在关系的深度解读。

在党的十九大报告中，习近平发出开启全面建设社会主义现代化国家新征程的伟大动员令，将建设美丽中国、建设生态文明作为我国未来发展的基本方向和重要目标，科学地描绘出我国未来发展的美好生态愿景。中华人民共和国国民经济和社会发展第十三个五年规划纲要（简称"十三五"）提出，要"优化现代产业体系""推动产业结构升级""推动供给侧结构性改革""加快生态文明制度建设"。2016 年 12 月，中共中央办公厅、国务院办公厅印发的《生态文明建设目标评价考核办法》提出了衡量生态文明建设水平的绿色发展指数。湖北省"十三五"发展规划纲要明确提出，"生态环境质量进一步改善。在长江经济带率先形成节约能源资源和保护生态环境的产业结构、增长方式和消费模式"，其中，更是以"推进富强湖北建设"与"推进绿色低碳发展"两篇文章分别对湖北省未来五年的产业结构调整与生态文明建设做出了总体部署。湖北省十一次党代会也提出了"推进经济转型升级"与"加强生态文明建设"。

由此可见，在经济新常态下，产业结构优化升级和生态文明建设是我国也是湖北省目前面临的两项重大任务。这两大任务不是孤立进行，而是相互联系的，两者之间既相互促进，又相互制约。因此，如何实现产业结构调整与生态文明建设的有机融合发展，推动供给侧结构性改革，就成为一个重要研究课题。湖北省实现"建成支点，走在前列"，更需要将产业结构优化升级与生态文明建设进行深度融合，为湖北省社会经济可持续发展注入更强大动力。

本书将基于产业结构理论、经济增长理论以及生态文明、协同发展、融合发展相关理论，综合运用归纳与演绎分析法、计量经济学分析法和综合指标评价法等研究方法，客观揭示经济新常态下湖北省产业结构优化升级与生态文明融合发展的战略意义，从理论分析和实证检验两个方面探讨 2000 年以来湖北省产业结构调整与生态文明建设之间的互动关系。测度 2000 年以来湖北省 17 个地市州的产业结构调整与生态文明建设的融合度，比较分析不同城市的差异。设计湖北省产业结构优化升级与生态文明融合发展政策框架，分类提出不同城市的产业结构调整与生态文明建设融合发展的差异化对策，为今后湖北省推进产业结构调整和生态文明融合发展提供理论与实践依据。

「第二章」

产业结构高级化程度的测度

第一节 湖北省产业结构高级化程度发展测度

　　产业体系是一个地区经济竞争力和发展动力的根本支撑，高级产业结构相对于低级产业结构可以创造更多的附加值。产业结构高级化是一个地区增强经济发展长期动力的重要途径。通过资源优化配置，推动产业结构合理化和高级化发展，是湖北省实现经济发展方式转变的必然要求，同时也是湖北省"十三五"时期争创新优势、赢得新机遇，构建促进中部地区崛起重要战略支点，实现跨越式发展的关键所在。

通常产业结构层次系数是度量产业结构高级化程度的一个常用指标。根据《湖北省统计年鉴2017》公布的省级和各地市州相关指标的数据（下同），计算得出湖北省和各地市州（林区）的产业结构层次系数。

从图1可以看出，2000—2013年，湖北省产业结构层次系数一直在 2.220 与 2.260 之间徘徊，2014—2016年，产业结构层次系数开始急速提升。这说明，2000—2013年，湖北省产业结构高级化缓慢；2014—2016年，产业结构高级化速度较快。究其原因，主要有三点：一是湖北省外商直接投资（Foreign Direct Investment，FDI）较少，技术进步缓慢，收入低迷，人才外流，使得产业结构高级化的内源性动力

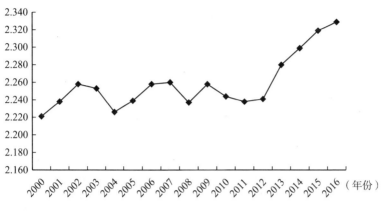

图1　2000—2016年湖北省产业结构层次系数

相对不足。2016年湖北省实际利用外商直接投资、发明专利、人均地区生产总值分别为101.29亿美元、41822项和55038.40元，而同期广东省为233.49亿美元、505667项和72787.00元，湖北省仅为广东省的43.38%、8.27%和75.62%。并且，2016年湖北省人口净流出271万人，而广东省人口净流入2718万人。二是技术创新投入不足，使得其对湖北省产业结构高级化的推动作用并不明显。2016年湖北省研究与发展（research and development，R&D）经费内部支出 600.04 亿元，研发人员 21.83 万人，而同期广东省 R&D 经费内部支出为 2035.14 亿元，研发人员 73.52 万人，湖北省仅为广东省的 29.48%、29.69%。三是招商引资发展不均衡。2000—2013 年，湖北省从美国、日本、韩国、西欧等国家或地区招商引资以及从我国东部地区承接产业转移效果并不显著。而 2014—2016 年，在东部沿海地区劳动密集型产业向中西部转移的大背景下，湖北省委书记、省长带队，地市州组团到长江三角洲、珠江三角洲、京津冀城市群、港澳台等地区招商引资取得了非常大的成效。2010 年湖北省吸引东部沿海投资 1986.00 亿元；实际利用外商直接投资 40.50 亿美元。而 2016 年，湖北省实际承接东部沿海投资 9000.00 亿元，同比增长 353.17%；实际吸引外资投资首次突破 100 亿美元，达到 101.3 亿美元，同比增长 150.12%；来湖北省投资的世界 500 强企业新增 13 家，累计达 254 家，居中部首位。

目前，湖北省产业结构水平低于全国平均水平。据统计，2016 年湖北省产业结构层次系数值为 2.327，同期我国 31 省份产业结构层次系平均值为 2.390，湖北省产业结构层次系数值低于全国平均值 2.636 个百分点。这说明，湖北省产业结构存在低层次问题，且其主要体现在两个方面：一是低层次、低附加值、来料加工、贴牌生产的产业比重较大；二是重工业比重较大，节能减排压力很大。据统计，2011 年湖北省万元国内生产总值（gross domestic product，GDP）能耗比全国平均水平高出 23%，万元工业产值能耗比全国平均水平高出 40%。湖北省产业结构层次低，产业结构高级化提升速度慢，其根源在于，长期陷入"低水平均衡陷阱"。一是农村贫困恶性循环。国家财政对农业投入少，政策支持力度不够；医疗产业化、教育产业化导致农村大量"失血";制度性阻塞造成农村投资机会缺失;金融机构为了盈利,不断从农村抽走农村的积累资金。二是区域自我封闭循环。区域经济发展"诸侯经济"特征明显,这种自我封闭循环使得原生的比较优势不能通过区域分工得到充分体现,也不能培植出次生的规模经济比较优势,从而导致区域经济效益低下,企业缺乏竞争力。三是产业低水平扩张。在地方政府保护下,企业能够通过简单扩大生产的方式获得利润,从而丧失了通过以结构转换与产品升级提高企业竞争力的动力。四是研发投入不够,科技创新能力不强。2016年湖北省研究与试验发展经费投入强度与国内生产总值之比为 1.86%,低于全国平均水平11.85 个百分点。

第二节 分地市州的产业结构高级化程度发展测度

从表1中湖北省产业结构层次系数排名来看，2016年武汉市、神农架林区、十堰市名列前三名，这是因为：武汉市教育业、金融业、商贸业、高新技术产业发达；神农架林区旅游业发达并采取"小、精、专、实"招商模式，突出产业招商，积极承接沿海产业转移；十堰市围绕汽车及零部件、文化旅游、生物医药、食品饮料、现代服务业等产业引进了大批项目，且服务业对经济增长的拉动作用超过50%。黄石市、潜江市、恩施州、襄阳市、宜昌市、鄂州市、随州市、荆门市、仙桃市、咸宁市、天门市分别排在第四、第五、第六、第七、第八、第九、第十、第十一、第十二、第

十三、第十四位。孝感市、黄冈市、荆州市排名最后三位，这与其第一产业比重偏大、特色农副产品比较发达有很大的关系。

表1　　　　2016 年湖北省 17 地市州（林区）产业
结构层次系数及其名次

地市州 （林区）	产业结构 层次系数	名次	2016 年较 2000 年产业 结构层次系数增加	增速 排名
武汉	2.496	1	0.073	13
神农架	2.458	2	0.146	5
十堰	2.280	3	0.078	12
黄石	2.273	4	−0.027	17
潜江	2.245	5	0.116	8
恩施州	2.226	6	0.377	1
襄阳	2.213	7	0.156	3
宜昌	2.213	8	0.084	11
鄂州	2.212	9	0.052	15
随州	2.203	10	0.188	2
荆门	2.201	11	0.098	10
仙桃	2.199	12	0.039	16
咸宁	2.191	13	0.147	4
天门	2.176	14	0.067	14
孝感	2.163	15	0.112	9

地市州 （林区）	产业结构 层次系数	名次	2016 年较 2000 年产业 结构层次系数增加	增速 排名
黄冈	2.163	16	0.132	6
荆州	2.130	17	0.120	7

资料来源：根据《湖北省统计年鉴2017》相关数据计算得出。

从表 1 中产业结构高级化的速度来看，恩施州排名第一位，随州市排名第二位，襄阳市排名第三位，咸宁市排名第四位，神农架林区排名第五位，黄冈市排名第六位，荆州市排名第七位，潜江市排名第八位。这些地市州（林区）产业结构高级化速度排名靠前，与其招商引资成绩斐然有关。例如，恩施州立足绿色生态和优势产业两个基点，积极在温州、上海、香港、厦门、深圳等地举办重点项目推介会。据统计，2010 年到 2015 年，恩施州招商引资实际到资由 60.29 亿元增长到 225.00 亿元，年均增长 30.13%；实际利用外资从 1584.00

万美元增长到 3655.00 万美元，年均增长 18.20%。随州市紧盯长江三角洲、珠江三角洲、环渤海等经济发达地区，围绕专用汽车、食品工业为主导的产业集群开展重点招商，2016 年实现全年实际利用内联资金 269 亿元，新引进亿元以上项目 40 个。襄阳市实施"一县一品"差异化承接产业转移战略，2016 年 1 月至 10 月，新签约项目 1392 个，新投产项目 995 个。招商引资实际投资额 2007.3 亿元，同比增长 20.3%，其中工业项目实际投资额完成了 1416.5 亿元，占比 70.5%。黄石市产业结构高级化的速度在全省地市州（林区）中排名倒数第一，相对于 2000 年，2016 年该市的产业结构层次系数下降了 -0.027，这与该地区资源枯竭型城市产业结构转型缓慢和人力资本大批外流有很大关联。仙桃市、鄂州市分别位居倒数第二、第三位，这与其一直围绕本地区的传统优势产业（例如，仙桃市以食品、无纺布、汽车零部件为主，鄂州市以冶金、纺织、建材、装备制造为主）粗放式发展有关，说明其有待于围绕本地区优势产业开展技术创新，占领优势产业技术最高点。

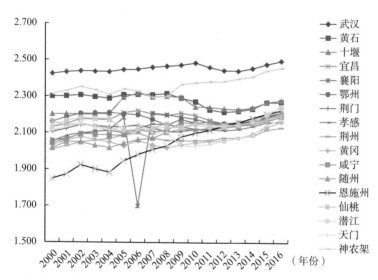

图2 2000—2016 年湖北省各地市州（林区）产业结构层次系数

从图2、表2可以看出，2000—2016 年，武汉市产业结构在湖北省一直为最优，只不过，从产业结构高级化的速度来看，低于湖北省产业结构高级化速度的平均水平。这说明武汉市经济基础较好，在招商引资的总量方面仍然是最多的。据统计，2016 年武汉市商务局组织赴 23 个国家和地区，以及长江三角洲、珠江三角洲、环渤海等地开展专题招商推介活动，成果丰硕，内外资实际到资总额 5822.60 亿元，同比增长 20.90%，实际利用外资 85.20 亿美元，同比增长 16.10%。新引进世界 500 强、国内 500 强企业及跨国公司研发机构 28 家。实际利用外资在全国同类城市中排名靠前，规模位列副省级城市第二位，增幅位列第四位。武汉市招商引资如此成功，然而，其产业结构层次系数却没有相应的大幅度上升，且在增长速度方面落后于十堰市、宜昌市、襄阳市、荆门市、孝感市、荆州市、黄冈市、咸宁市、随州市和恩施州，这说明武汉市产业仍处于全球价值链低端，有待于发挥人才优势，开展核心技术研发，促进产业结构大幅提升。

并且，我们还发现，湖北省 17 地市州（林区）产业结构高级化梯队特征明显。2010 年以后，武汉市和恩施州一直处于第一梯队，黄石市、十堰市、宜昌市、襄阳市、鄂州市、荆门市、孝感市、荆州市、黄冈市、咸宁市、随州市、仙桃市、潜江市、天门市、神农架林区15地市州（林区）一直处于第二梯队。

从表2中产业结构层次系数名次上升位数来看，2000—2016年，恩施州上升位数最多，上升位数为11位；其次是随州市，上升位数为5位；再次是襄阳市，上升位数为4位；然后是潜江市，上升位数为3位，十堰市上升位数为1位。武汉市、咸宁市、神农架林区的排名次序一直保持不变。仙桃市排名次序下降最多，下降位数为6位，天门市下降位数为5位，鄂州市下降位数为4位，孝感市下降位数为3位，黄冈市下降位数为2位，黄石市、宜昌市、荆门市和荆州市下降位数均为1位。

表2　2000—2016年湖北省17地市州（林区）产业结构层次系数名次

地市州（林区）	2000	2001	2002	2003	2004	2005	2006	2007	2008	2009	2010	2011	2012	2013	2014	2015	2016
十堰	4	4	5	5	5	4	3	3	3	3	4	3	3	3	3	4	3
宜昌	7	7	7	7	7	5	5	6	6	5	5	5	5	5	6	7	8
襄阳	11	12	13	12	10	7	17	5	5	6	6	8	8	8	8	8	7
鄂州	5	5	4	4	4	6	6	7	9	7	8	7	6	7	7	9	9
荆门	10	10	10	8	8	9	8	9	12	13	12	12	13	11	11	10	11
孝感	12	11	11	11	12	12	9	8	8	9	11	13	14	14	14	14	15
荆州	16	16	15	15	14	14	13	15	15	15	15	15	15	15	17	17	17
黄冈	14	14	14	14	15	16	15	16	17	16	16	16	16	16	15	16	16
咸宁	13	13	12	13	13	13	11	12	11	8	7	6	9	12	13	13	13
随州	15	15	16	16	16	15	14	14	14	12	13	11	13	13	12	11	10
恩施州	17	17	17	17	17	17	16	17	16	14	14	14	10	6	5	5	6
仙桃	6	8	8	9	9	11	12	10	7	10	9	9	7	9	10	12	12
潜江	8	6	6	6	6	10	10	11	10	11	10	10	11	10	9	6	5
天门	9	9	9	10	11	8	7	13	13	17	17	17	17	17	16	15	14
神农架	2	2	2	2	2	2	2	4	4	2	2	2	2	2	2	2	2

第三章

湖北省生态文明建设
现状与水平测度

自 2007 年党的十七大首次提出"生态文明"概念以来，2009 年 10 月 13 日，湖北省委、省政府在全国率先出台《关于大力加强生态文明建设的意见》，加快推进资源节约型和环境友好型社会建设，全面构建湖北省生态文明。

第一节　湖北省生态文明建设发展
历程与实践特征

一、湖北省生态文明建设发展历程

（一）生态文明概念的提出

党的十七大提出建设社会主义生态文明以后，中华人民共和国生态环境部从 2008 年开始，开展六批生态文明建设试点工作，全国共有 125 个区（市）县被确定为全国生态文明建设试点。党的十八大报告明确指出，建设生态文明是关系人民福祉、关乎民族未来的长远大计。要把生态文明建设放在突出地位，融入经济建设、政治建设、文化建设和社会建设的各方面和全过程，努力建设美丽中国，实现中华民族永续发展。这种生态文明建设的总体布局被称作"五位一体"。

党的十八大提出五位一体建设总体布局，并纳入生态文明建设，指出要从源头扭转生态环境恶化趋势，为人民创造良好生产生活环境，努力建设美丽中国，实现中华民族永续发展，这是我国社会主义现代化发展到一定阶段的必然选择，体现了科学发展观的基本要求。党的十九大进一步强化生态文明建设的重要地位，称其为中华民族永续发展的千年大计。随着生态文明建设试点工作的逐步展开，试点地区通过开展生态经济、生态环境、生态文化、生态人居的建设，初步形成了能有效促进环境、经济与社会发展良性互动、良性循环的区域发展模式。

2018 年 5 月，习近平总书记在全国生态环境保护大会上进--步强调，生态文明建设是关系中华民族发展的根本大计，并且指出，生态文明建设正处于压力叠加、负重前行的关键期，已进入提供更多优质生态产品以满足人民日益增长的优美生态环境需要的攻坚期，也到了有条件、有能力解决生态环境突出问题的窗口期。这标志着我国生态文明建设将更进一步，再上新台阶。

（二）湖北省生态文明发展历程

2007 年 12 月，中共中央批准武汉城市圈为全国资源节约型和环境友好型社会建设综合配套改革试验区。2010 年 8 月，国家发改委确定 5 省 8 市率先开展低碳试点工作，湖北名列其中。2013 年，湖北省全面贯彻落实党中央、国务院和习近平总书记关于生态文明建设的重要指示精神，坚持"生态立省"战略，以"建成支点、走在前列"为总领，以创新生态文明体制机制、优化国土空间开发格局、全面打造绿色经济引擎、加强生态保护与建设、提升"千湖之省"水活力、改善环境与风险管控、科学推进绿色城镇化、弘扬荆楚特色生态文化为八大重点任务，科学谋划全省生态文明建设，制定了《湖北省生态省建设规划纲要（2014—2030 年）》，2014 年 7 月 22 日，由国家发改委、财政部、国土资源部（自然资源部）、水利部、农业部（农业农村部）和国家林业局（国家林业和草原局）联合发布的《关于开展生态文明先行示范区建设（第一批）的通知》中，湖北省十堰市和宜昌市名列其中。2016 年 3 月，《长江经济带发展规划纲要》审议通过，湖北省作为长江经济带中重要的省份之一，率先在长江经济带 11 个省、市中组织编制了《湖北长江经济带生态保护和绿色发展总体规划》。这些优势会进一步加快和推进湖北省生态文明建设步伐，湖北生态文明建设面临新的发展机遇。

2018 年 4 月，习近平总书记对湖北进行了为期三天的考察后，在武汉市提出，要坚持共抓大保护、不搞大开发，要正确把握整体推进和重点突破、生态环境保护和经济发展、总体谋划和久久为功、破除旧动能和培育新动能、自我发展和协同发展的关系，以长江经济带发展推动经济高质量发展。

二、湖北省生态文明建设实践特征

（一）由点到面全面推进生态文明建设

伴随着工业化进程的加快，资源约束矛盾日益凸显。中部地区作为国家重要的能源产出地区，资源消耗和环境污染问题更加突出，"高投入、高能耗、高污染、低产出"的模式难以为继，"低投入、低能耗、低污染、高产出"的发展方式已成必然。在此背景下，出于战略考量，国家提出了在中部地区改革试验区建设"两型社会"的目标。2007年12月，武汉城市圈被国家确定为"两型社会"试验区并被赋予先行先试的政策创新权。武汉城市圈"两型社会"建设启动以来，经济增速高出全省平均水平，为湖北省经济社会发展发挥了巨大的支撑作用，也为湖北省努力构筑中部崛起战略支点提供了有力支撑。

"十三五"时期，武汉城市圈"两型社会"改革试验自外而内进入深水区域，除继续抓好节能减排、治理生态环境等硬性任务外，将在三个方面下功夫：一是大力推进体制机制创新，形成有利于"两型社会"建设的体制机制；二是加快基础设施、产业布局、城乡建设、区域市场、生态环保"五个一体化"进展；三是发挥武汉龙头作用，明确各城市发展定位，促进集成效应，提升核心竞争力，使武汉城市圈在"两型社会"建设方面力争实现新的突破，形成全国特有的"武汉模式"。

2009 年 7 月 14 日，中共湖北省委、湖北省人民政府下发了《关于加快湖北长江经济带新一轮开放开发的决定》，标志着湖北省"两圈一带"总体战略的形成。2015 年 6 月 15 日，湖北省人民政府下发的《关于印发湖北汉江生态经济带开放开发总体规划（2014—2025 年）的通知》，标志着湖北省由"两圈一带"战略升级为"两圈两带"战略。"两圈两带"实现了湖北全省空间上的全覆盖，是由"两圈一带"经过长时间发展和积累实现的转变。2011年，时任湖北省委书记李鸿忠指出，湖北省"两圈一带"发展战略的形成，发端于"中部崛起重要战略支点"的科学定位，起始于武汉城市圈"两型社会"综合配套改革试验区的申报获批，完善于建设鄂西生态文化旅游圈和湖北长江经济带新一轮开放开发的启动实施。2014 年，湖北省完成汉江生态经济带的开放开发总体规划，并起草出台政府意见，将全省发展格局由"两圈一带"变成"两圈两带"。至此，涵盖全省"两圈两带"战略全面正式提出。

武汉城市圈以武汉为中心，由武汉及周边100千米范围内的黄石、鄂州、孝感、黄冈、咸宁、仙桃、天门、潜江等9个城市构成的区域经济联合体。该区域占湖北省土地面积的31.2%，占湖北省人口的52.25%，经济总量占全省60%以上，贡献了超过全省半数以上的地方财政收入，是湖北省名副其实的核心经济区、核心增长极和经济发展先导区，是"两圈两带"战略的核心。

鄂西生态文化旅游圈包括襄阳、荆州、宜昌、十堰、荆门、随州、恩施州、神农架8个地市州（林区），其人口总量、区域面积分别约占全省的50%和70%，是全国重要的生态功能区，生态文化旅游资源十分丰富。拥有2

个世界文化遗产、1 个世界非物质文化遗产、9 个国家自然保护区、35 个国家非物质文化遗产、4 个国家级风景名胜区及 3 个国家级地质公园，生态、文化旅游资源及旅游景区等占全省比例均在一半以上。具有生态、历史文化、工程建设奇观、地域民俗、区位五大资源优势：森林面积占全省 54%，神农架是全球中纬度地区保存最为完好的原始森林；集中了楚文化、三国文化、巴土文化和宗教文化等湖北五大文化体系中的四大文化及以土家族、苗族少数民族风情和武当山地区民间故事为代表的民俗文化。

湖北长江经济带是以武汉为中枢，以宜昌、荆州、咸宁、黄冈、鄂州、黄石等 7 个大中城市为节点，以沿江 25 个县（市）为依托，打造的沿江高新技术、先进制造等产业密集带。充分发挥传承和扩散功能，呼应浦东新区建设和西部大开发。它将成为长江流域乃至全国的现代产业密集带和物流大通道，是"两圈一带"战略的主轴部分。

湖北汉江生态经济带：汉江流域自然资源丰富、经济基础雄厚、生态条件优越，是连接武汉城市圈和鄂西生态文化旅游圈的重要轴线，是连接鄂西北与江汉平原的重要纽带，具有"融合两圈、连接一带、贯通南北、承东启西"的功能，在湖北省经济社会发展格局中具有重要的战略地位，能起到突出的带动作用。

"两圈两带"战略充分体现了生态发展的原则。以构建促进中部地区崛起重要战略支点为发展目标，把探索新型工业化、城市化道路作为首要任务，把转变发展方式、建设"两型社会"，推进体制创新、体现资源整合作为核心理念。其中，武汉城市圈"两型社会"综合配套改革试验区肩负着探索新型工业化、城市化道路的任务；鄂西生态文化旅游圈突出生态文化内涵，兼顾物质、精神和生态三个文明建设；湖北省长江经济带突出水资源特色、产业升级和功能优化；湖北省汉江生态经济带以生态文明建设为主线，以综合开发为主题，以"绿色、民生、经济"三位一体为导向，以水生态保护和水资源利用为重点，做足水文章，发展生态产业，打造生态廊道，实现生态、经济、社会协调发展。

从"两型社会"到"两圈两带"，湖北省实现了由点到面全面开展生态文明建设，也为湖北省生态文明建设的理论研究和实践操作积累了大量的经验。

（二）"一主两副多极"的总体格局突出协调发展

在 2011 年湖北省政府工作报告中，时任湖北省委副书记、代省长王国生提出，湖北将按照"一主两副多极"的总体格局，以武汉为全省主中心城市，襄阳、宜昌为省域副中心城市，把武汉城市圈和"宜荆荆""襄十随"城市群做大做强。将支持襄阳、宜昌扩大规模，完善功能、增强区域辐射力和竞争力，使之发展成为城市群的核心城市。

武汉城市圈自形成、建设以来，于2005年成为中部地区四大城市圈之首，其战略意义上升到了国家层面，并于2007年被国务院正式批准为"全国资源节约型和环境友好型社会建设综合配套改革试验区"。湖北省各类生产要素资源有限，武汉城市圈的形成有助于促进武汉城市圈乃至湖北省经济的发展，通过配置规模较大、增长迅速，且具有较大地区乘数作用的区域增长极，实行重点集约发展，来带动整个城市圈和全省工业的发展。通过武汉城市圈的建设，湖北省的高新技术产业和环保产业群得到快速发展，极大地缓解了湖北省经济发展与资源环境管理之间的矛盾，推动了湖北省生态文明建设。

宜荆荆城市群和襄十随城市群是鄂西生态文化旅游圈的重要战略实施项目。两个城市群的建设有利于进一步促进湖北省产业分工和区域产业一体化，推动区域经济绿色健康发展，同时也与武汉城市圈形成对接，有利于湖北省经济社会集群发展，进而促进长江中游城市群的整体进步，实现区域经济社会平衡发展，使湖北省生态文明建设整体水平上升，缩小地区间差异。

2017 年 6 月，湖北省第十一次党代会指出湖北未来五年的发展愿景，提出深化"一主两副多极"区域发展战略，即：支持武汉加快建设国家中心城市，使之在全省发展格局中具有举足轻重的地位；加快两个省域副中心城市发展，以增强综合实力、提升城市功能、强化辐射带动为重点，加强襄阳、宜昌省域副中心城市建设，进一步提升其在全省发展格局中的地位，加大其作用；推进"多极"协调发展，支

持黄石、十堰、荆州、荆门、孝感、黄冈建设
成为区域性增长极，支持咸宁、鄂州、随州和
恩施州在区域发展中发挥更大的支撑作用，支
持仙桃、天门、潜江在城乡一体化建设中走在
全省前列，支持神农架林区建设成为世界著名
生态旅游目的地。

"一主两副多极"的总体格局和三大城市
群的建设有利于湖北省加快形成以区域核心带
动周边城市整体推进生态文明建设的新局面，
各地市州将改善以往孤军奋战的局面，形成一
种合力，多层面协作建设生态文明。

第二节　湖北省生态文明建设现状分析

湖北省全省就加强生态文明建设达成了高
度共识，生态文明建设管理机制初步形成，生
态文明目标考核机制和投入机制、公众参与机

制初步建立，生态文明建设顺利进行，并取得一定成效。但必须认识到，作为华中较大的工业聚集区之一，武汉城市圈、宜荆荆城市群和襄十随城市群在计划经济时代建立起来的工业结构，一定程度上是以过度消耗资源和牺牲环境为发展代价的，资源消耗和环境污染问题突出，资源约束矛盾日益凸显，一些地区环境污染和生态恶化已经到了相当严重的程度，"高投入、高能耗、高污染、低产出"的模式难以为继，湖北省生态文明建设面临严峻的挑战。

一、传统产业占主导地位的状况未根本改变

自 20 世纪 90 年代以来，湖北省产业结构随工业化进程呈现由低级到高级、由严重失衡到基本合理的发展变动轨迹；经济增长从主要由第一、第二产业带动转为主要由第二、第三产业带动，逐渐形成与现阶段工业化水平相适

应的产业构成现状。国民经济结构调整取得重大成效，产业结构不断得到优化。从增加值构成来看，第二产业的主导地位不断加强，第三产业比重显著提高（见表3）。

表3　　　　　　　　湖北省产业结构演变路径

阶段	期末产业格局	期末一二三产业比	主要特征
1978—1982 年	二一三	40.1∶40.6∶19.3	农业生产迅速发展，工业生产迅速恢复
1983—1992 年	二三一	27.8∶40.8∶31.3	工业比重上升，批发零售、住宿餐饮业等服务业迅速崛起
1993—2003 年	三二一	16.8∶41.1∶42.1	第三产业首次超过第二产业并持续保持
2004—2007 年	二三一	14.9∶46.1∶39.6	实施"工业第一方略"，第二产业进一步加速，第三产业比重相对下滑
2008—2011 年	二三一	13.1∶50.1∶36.8	第二产业继续上升，第二三产业比重差加大
2014 年	二三一	11.6∶46.9∶41.5	第二产业有所回落，第三产业再度发展

阶段	期末产业格局	期末一二三产业比	主要特征
2016 年	三二一	10.8∶44.5∶44.7	第二产业进一步降低，第三产业比重首度超越第二产业

资料来源：湖北省历年《国民经济和社会发展统计公报》。

从发展角度看，虽然湖北省的产业结构在不断优化，但不能忽略的是，目前湖北省传统产业仍占主导地位，第三产业比重仅仅超出第二产业比重 0.2 个百分点。经济社会发展中产业结构性矛盾仍比较突出。2016 年，全国的第一、第二、第三产业增加值占国内生产总值的比重分别为 8.6%、39.8% 和 51.6%，湖北省第一、第二、第三产业增加值占比则分别为 10.8%、44.5% 和 44.7%。从图 3 可见，湖北省第一产业和第二产业比重明显高于全国的平均水平，而继续发展的第三产业，其增加值占

GDP 的比重则低于全国平均水平。

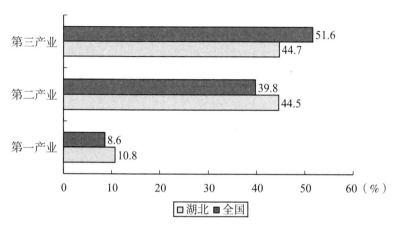

图3　2016 年全国与湖北省产业构成比较

资料来源:《中国统计年鉴（2017）》《湖北省统计年鉴（2017）》。

目前，湖北省产业结构存在的突出问题主要表现在以下几个方面：产业结构高级化程度不够高，进程不够快；工业结构重型化明显，制造业、加工工业发展过快，超过基础工业承受能力；采掘工业规模过小，与原材料工业发展不相适应；第三产业相对滞后，直接为生产服务的行业发展不足；等等。

从产业结构和产业格局对生态环境和能源消耗的影响来看，湖北省既包括具有规模经济优势的产业，如钢铁、有色金属、化工、汽车等，又包括以劳动密集、产业配套优势为基础，同时具有研发设计、市场营销、品牌等优势的产业，如轻工、纺织服装、部分电子机械等。

由表 3 可知，除了 1993—2003 年及 2016 年这两个发展阶段，湖北省第二产业一直占据龙头地位。也就是说，汽车、钢铁、有色金属、石油化工、电力、建材、纺织等既是湖北省的传统工业部门，也是支撑湖北省经济迅速发展的支柱产业，在全省经济发展中具有举足轻重的地位。但这些产业又多为高耗能、高排放产业。

现有产业结构是湖北省生态文明建设的基础和出发点，产业之间的结构性矛盾将会对湖北省生态文明的构建产生深远影响。因此，必须改变高耗能、高排放等传统产业占主导地位的状况，进一步优化产业结构。产业结构的调整与优化不可能一蹴而就，要做到循序渐进。一是壮大主导优势产业。加快推进"支柱产业倍增计划"和先进制造业振兴工程，加快培育医药、有色金属、船舶等产业，支持桥梁产业进一步做大做强。二是加快发展高新技术产业和战略性新兴产业。实施关键技术培育、产业化推进、产业集群集聚、应用示范、创业投资引导五大工程，培育光通信、高档数控机床、新兴信息服务、化工新材料等18条特色产业链。三是大力提升服务业的比重和水平，重点发展金融保险、商贸物流、信息服务、科技咨询、服务外包等产业。四是积极发展循环经济和低碳产业，加快构建循环型产业体系和再生资源循环利用体系。推进"青—阳—鄂"等不同类型循环经济发展，启动武汉花山生态新城"两型社会"建设示范工程，支持咸宁低碳发展试验区建设，鼓励武昌滨江商务区打造"零碳未来城"，推进谷城再生资源国家"城市矿产"示范基地建设等。

二、重要能源矿产供给不足加剧生态环境污染

湖北省重要能源矿产供给不足，能源资源消费对外依赖性强，煤炭、石油等能源产品供给主要依靠从外省调入。以 2014 年为例，湖北省煤炭生产量为 1057 万吨，而消费量达到 11888 万吨，本省生产煤炭仅占消费量的 8.89%，而原油则更为严峻，2014 年生产量为 79 万吨，消费量则达到 1427.76 万吨，本省生产占比仅为 5.53%（见图 4）。据湖北省能源发展战略规划预测，到 2020 年，湖北省原煤消费量将达到 17000 万吨，依据现有生产煤炭生产量预计对外依存度将达到 91.56%。

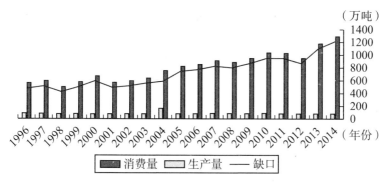

图4 湖北省原油供需缺口

资料来源：国家统计局。

湖北省经济发展主要是依靠大量投入，特别是能源的巨量投入来实现的；先天贫乏的资源能源条件，加之高耗能行业的能源投入占比明显大于产出占比，产品单耗水平偏高，污染物排放居高不下，进一步加剧了湖北省生态环境的脆弱局面，形势不容乐观。随着城市化步伐的加快和监管的相对滞后，环境脆弱问题仍比较突出：一是水环境问题突出。湖泊大量被填埋，地表水污染严重。据武汉市水务局公布的数据显示，以"百湖之市"著称的武汉市，

41

域区的湖泊从中华人民共和国成立初期的 127 个，已经锐减到目前的 38 个，且这些湖泊的富营养化问题较为突出。二是部分城市空气污染仍然严重，重点城市未达到空气质量二级标准的城市比例较高，城市空气质量优良天数提升程度较低。三是农村环境问题日益突出。生活污染加剧，面源污染加重，工矿污染凸显，饮水安全存在隐患，农村环境呈现出"小污易成大污，大污已成大害"的局面。

第三节　湖北省生态文明建设水平测度

一、生态文明建设水平测度的指标选择

生态文明是农业文明、工业文明之后的一种文明形态。不同的文明形态有不同的特征，

这种特征一般通过某些具体指标体现出来。根据马克思的思想和理论，经济基础决定上层建筑，由此可知，农业文明是以农业为主的文明形态，工业文明是以工业为主的文明形态。因此，生态文明的发展水平也可以通过使用一些核心的指标进行测度。

（一）生态文明建设水平测度指标的频度分析

自生态文明概念提出以来，中央机关和国家部委以及专家学者从不同的角度提出了测度生态文明建设水平的指标体系。

宏观层面上，国家和省域生态文明评价指标的频度分析选取的指标体系主要包括：由国家发改委联合统计局、环保部、水利部等多部门制定的《中国资源环境统计指标体系》，环保部编制的《生态县、生态市、生态省建设指标（修订稿）》中的生态省建设指标，中共中央办公厅、国务院办公厅印发的《生态文明建设目标评价考核办法》的通知，国家发改委印发的《绿色发展指标体系》《生态文明建设考核目标体系》，国家林业局（国家林业和草原局）发布的《推进生态文明建设规划纲要（2013—2020年）》，水利部编制的《关于加快推进水生态文明建设工作的意见》，国务院发展研究中心编写的《生态文明建设科学评价与政府考核体系研究》，北京林业大学编写的《中国省域生态文明建设评价报告（ECI 2013）》，以及在中国知网检索到的2011年以来被引频次较高的学者团队构建的指标体系。引用频次如图5所示。

从现有的国家和省域的评价指标体系来看，单位 GDP 能耗、主要污染物排放、森林覆盖率三项指标名列前茅，大部分指标体系均有这三个指标；工业固体废弃物综合利用率、自然保护区占区域国土面积的比例、工业废水达

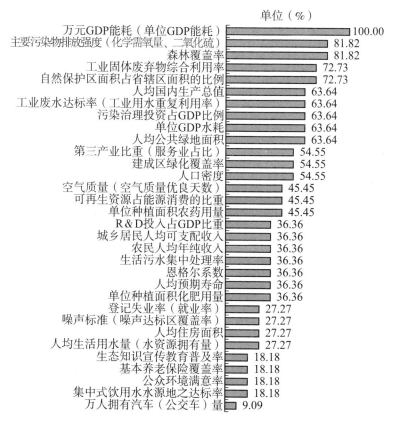

单位（%）

图5　国家和省域生态文明评价指标频度分析

标率、污染治理投资占比等指标作为第二梯队，在每个指标体系中都有全部或部分体现。同时，一些经济指标（如人均GDP、第三产业占GDP的比例、R&D投入占比、农民年人均纯收入等），出现次数较多。从现有的指标体系来看，资源能源利用效率、生态环境保护水平这一类的指标较多。

由此可见，在省级层面，测度或者评价某省的生态文明建设水平主要考虑五类指标：经济发展，资源利用，环境治理，环境质量和生态保护。实际上，这与国家发改委公布的《绿色发展指标体系》较为协调一致。综合归纳后，得出在省域生态文明测度上出现的高频指标（见表4）。

表4　　　　　　　　　高频指标

测度内涵	指标
资源集约节约利用	能源消耗总量 单位 GDP 能耗降低 用水总量
环境质量与治理	化学需氧量排放总量 氨氮排放总量 二氧化硫排放总量 氮氧化物排放总量 细颗粒物（PM2.5）浓度达标天数比率 地表水达到或好于三类水体比例 农用化肥施用折纯量

测度内涵	指标
生态保护	森林覆盖率 森林蓄积量

（二）生态文明水平测度指标的选取原则

综合考虑生态文明评价的基本内涵，在选取生态文明建设水平测度指标时应当遵守以下4个原则。

1. 关键指标选取

对以往的指标体系进行频度分析可知，一些关键指标的选取有基本的共识。例如，基本上每个指标体系中均会出现 GDP 能耗、主要污染物排放、森林覆盖率等指标。因此，本书在选取指标时，对生态文明评价指标进行频度分析，将以往指标体系中出现的高频指标和湖北省《绿色发展指标体系》作为本书生态文明评价时选取指标的重要依据。

2. 科学性与客观性

湖北省生态文明评价指标体系从单个指标的选取、计算和分析，到基本指标体系的构建，都应该建立在对湖北省生态文明建设面临的形势和生态文明建设重点进行广泛调研、深入分析的基础上，这样才能科学构建指标体系，合理评价生态文明建设水平，为区域导向性的政策建议提供可信的参考。此外，不能主观臆断各个指标的权重，要采用客观合理的方法进行确权。

3. 权威性与典型性

权威性要求指标应尽量使用官方权威部门统计和发布的指标，指标数据应尽量使用统计口径一致的数据。如果数据存在小部分缺失，就应运用数学方法对官方权威数据进行推算。湖北省生态文明评价指标体系应尽量由典型性的指标构成，这些指标要具有较强的独立性。指标体系应尽量反映生态文明建设的方方面面，同时做到尽可能简洁，不能贪大求全，盲目堆砌过多指标。

4. 指标数据的可操作性

我国生态文明建设处于探索阶段，与其相配套的统计监测体系仍不完善，部分十分科学的指标难以找到相关数据。因此，在选取指标进行实证研究时，出于指标体系科学性和完善性的考虑，采用了部分暂时无数据的指标，但因数据缺失，暂时无法对其做出实证检验。

二、湖北省生态文明建设水平测度指标体系

以国家发展改革委、国家统计局、环境保护部、中央组织部公布的《绿色发展指标体系》《生态文明建设考核目标体系》为参照，依据上述指标选取的原则，构建湖北省生态文明建设水平测度指标体系（见表5）。

表5　　　　　　　湖北省生态文明建设水平指标体系

一级指标	二级指标	计量单位	数据来源	指标属性
资源利用 X1	能源消费量（X11）	万吨标煤	统计年鉴	逆指标
	单位 GDP 能源消耗降低率（X12）	%	统计年鉴	正指标
	用水总量（X13）	亿立方米	水利部	逆指标
	耕地保有量（X14）	千公顷	国土资源部（自然资源部）	正指标
环境治理 X2	化学需氧量排放总量（X21）	万吨	环保部/省环保厅	逆指标
	氨氮排放总量（X22）	万吨		逆指标
	二氧化硫排放总量（X23）	万吨		逆指标
	氮氧化物排放总量（X24）	万吨		逆指标
环境质量 X3	细颗粒物（PM2.5）浓度达标天数比率（X31）	%	环保部	正指标
	地表水达到或好于三类水体比例（X32）	%	环保部/水利部	正指标
	农用化肥施用折纯量（X33）	万吨	农业部（农业农村部）	逆指标
生态保护 X4	森林覆盖率（X41）	%	林业局	正指标
	森林蓄积量（X42）	亿立方米	林业局/海洋局	正指标
	自然保护区面积（X43）	万公顷	环保部	正指标

指标来源及解释：为了能使指标科学客观地反映生态文明建设水平，本指标体系中所选取的指标主要参考《国家生态文明建设试点示范区指标（试行）》《绿色发展指标体系》。

1. 能源消费量

能源消费量是指能源使用单位在报告期内实际消费的一次能源、二次能源的数量。一次化石能源，特别是煤炭的非清洁化利用造成雾霾和其他环境污染，对生态文明建设的负向影响明显。

2. 单位 GDP 能源消耗降低率

单位 GDP 能耗，即一个国家或地区生产（创造）一个计量单位（通常为万元）的 GDP所使用的能源，是反映资源利用效率的重要参照指标。因此，单位 GDP 能耗降低比率是反映资源集约节约利用效率提升的重要依据。

3. 用水总量

用水总量是指水资源开发利用中用水的总

数量，包括生活用水、生产用水、农业用水、生态用水等方面，是反映水资源节约利用的重要参考指标。

4. 耕地保有量

耕地保有量即耕地总量，是指在一定区域内的耕地总数量，等于上一年结转的耕地数量，扣除年内各项建设占用耕地的数量和农业结构调整占用及生态退耕的数量，加上年内土地开发、复垦和土地整理增加的耕地数量。该指标是国家层面生态文明建设的红线指标。

5. 化学需氧量排放总量

化学需氧量（COD）排放总量是工业废水中 COD 排放量与生活污水中 COD 排放量之和。化学需氧量指用化学氧化剂氧化水中有机污染物时所需的氧量。一般利用化学氧化剂将废水中可氧化的物质（有机物、亚硝酸盐、亚铁盐、硫化物等）氧化分解，然后根据残留的氧化剂的量计算出氧的消耗量，来表示废水中有

机物的含量，反映水体有机物污染程度。COD
值越高，表示水中有机污染物污染越严重，是
生态文明建设约束性指标。

6. 氨氮排放总量

氨氮是水体中的主要耗氧污染物，氨氮中
的非离子氨是引起水生生物毒害的主要因子，
对水生生物有较大的毒害。同时，氨氮是水体
中的营养素，可为藻类生长提供营养源，增加
水体富营养化发生的概率。作为主要超标污染
物，氨氮在七大水系中出现频率非常高，已成
为现阶段影响我国水质的主要污染因子。因此，
氨氮排放总量是生态文明建设约束性指标。

7. 氮氧化物排放总量

氮氧化物 NO_X 是燃煤电厂烟气排放三大有
害物（二氧化硫，NO_X 及总悬浮颗粒物）之
一。从污染角度考虑的氮氧化物主要是一氧化
氮和二氧化氮，统称为 NO_X，是生态文明建设
的约束性指标。

8. 细颗粒物（PM2.5）浓度达标天数比率

细颗粒物指环境空气中空气动力学当量直径小于等于2.5微米的颗粒物。它能较长时间悬浮于空气中，在空气中含量浓度越高，就代表空气污染越严重。

9. 地表水达到或好于三类水体比例

即地表水水质满足或优于国家标准《地表水环境质量标准》中三类水的各项污染物指标，例如，COD < 20，5天生化需氧量 < 4，氨氮 < 1.0，总磷 < 0.2。该指标是反映环境质量的正向指标。

10. 农用化肥施用折纯量

农用化肥施用折纯量指本年度实际用于农业生产的化肥数量，包括氮肥、磷肥、钾肥和复合肥。折纯量是指把氮肥、磷肥、钾肥分别按含氮、含五氧化二磷、含氧化钾的100%成分进行折算后的数量。化肥过量使用会造成土壤酸化、次生盐渍化加重，严重影响耕地质量。

11. 森林覆盖率和森林蓄积量

森林在净化空气、调节水分、涵养水源和保持水土等生态环保方面的作用巨大，因此，森林覆盖率和森林蓄积量都是反映生态环境是否良好的重要指标。森林覆盖率是指森林面积占土地总面积的比率，一般用百分比表示，是反映一个国家（或地区）森林资源和林地占有的实际水平的重要指标。森林蓄积量是指森林中林木材体积的总量。通常用于统计较大范围（如一个国家、一个地区）内各种林木的总量。

12. 自然保护区面积

自然保护区是指对有代表性的自然生态系统、珍稀濒危野生动植物物种的天然集中分布、有特殊意义的自然遗迹等保护对象所在的陆地、陆地水域或海域，依法划出一定面积予以特殊保护和管理的区域。自然保护区面积是以保护各种重要的生态系统及其环境，拯救濒于灭绝的物种，保护自然历史遗产为目的而划定的典型地域的面积。

三、湖北省生态文明建设水平测度实证

根据表 5 构建的湖北省生态文明建设水平
测度指标体系，采集《中国统计年鉴》（2012—
2017）、《湖北省统计年鉴》（2012—2017）、
湖北省各地市州统计年鉴等官方公布的相应的
指标数据。

由于指标体系中的指标有的是绝对指标，
有的是相对指标，因此，为克服量纲影响，对
所有数据采取标准化处理。对原始数据进行最
大值、最小值标准化处理，处理公式如下：

$$E''_{mn} = \frac{S_{mn} - \min(S_{mn})}{\max(S_{mn}) - \min(S_{mn})} \quad (3.1)$$

式（3.1）中，S_{mn} 表示第 m 个区域的第 n
个指标的取值，其中 $m = 1, 2, \cdots, i$；$n = 1,
2, \cdots, j$。

根据中华人民共和国国家发展和改革委员会公布的《绿色发展指标体系》和湖北省发展和改革委员会公布的《湖北省绿色发展指标体系》所确定的指标权重，根据《湖北省国民经济和社会发展第十三个五年规划纲要》确定的约束性指标、《湖北省国民经济和社会发展第十三个五年规划纲要》《中共湖北省委、湖北省人民政府关于加快推进生态文明建设的实施意见》等提出的主要监测评价指标、其他绿色发展重要监测评价指标，据其重要程度，按总权数为100%，三类指标的权数之比为3:2:1计算，可知各个指标权重分布情况（见表6）。

表6 湖北省生态文明建设水平指标体系各个指标权重

一级指标	二级指标	计量单位	指标权重	权重小计
资源利用 X1	能源消费量（X11）	万吨标煤	5.556%	27.78%
	单位 GDP 能源消耗降低率（X12）	%	8.334%	
	用水总量（X13）	亿立方米	5.556%	
	耕地保有量（X14）	千公顷	8.334%	

续表

一级指标	二级指标	计量单位	指标权重	权重小计
环境治理 X2	化学需氧量排放总量（X21）	万吨	8.334%	33.336%
	氨氮排放总量（X22）	万吨	8.334%	
	二氧化硫排放总量（X23）	万吨	8.334%	
	氮氧化物排放总量（X24）	万吨	8.334%	
环境质量 X3	细颗粒物（PM2.5）浓度达标天数比率（X31）	%	8.334%	19.446%
	地表水达到或好于三类水体比例（X32）	%	8.334%	
	农用化肥施用折纯量（X33）	万吨	2.778%	
生态保护 X4	森林覆盖率（X41）	%	8.334%	19.446%
	森林蓄积量（X42）	亿立方米	8.334%	
	自然保护区面积（X43）	万公顷	2.778%	

根据上述指标体系和指标权重，选取湖北省及武汉、黄石、十堰、荆州、宜昌、襄阳、鄂州、荆门、孝感、黄冈、咸宁、随州、恩施州 13 个地市州为湖北省绿色发展水平测度对象，测度周期为 2012—2015 年，共 5 年。由于湖北省仙桃、潜江、天门 3 个省管县和神农架

部分指标统计口径存在差别，且大部分年份统计指标缺失，故暂不纳入实证测度范围。计算结果见表7。

表7　2012—2015年湖北省及13个地市州生态文明建设水平测度

地市州	年份				平均
	2012	2013	2014	2015	
武汉	0.6266	0.6821	0.7230	0.7741	0.6546
黄石	0.3945	0.4600	0.4487	0.4897	0.4519
黄冈	0.5892	0.5688	0.5416	0.5215	0.5493
咸宁	0.5494	0.5861	0.6322	0.6407	0.5726
孝感	0.4824	0.4660	0.5567	0.5413	0.4811
鄂州	0.5205	0.5290	0.5503	0.5791	0.5344
宜昌	0.6137	0.5700	0.5955	0.6109	0.6050
荆州	0.5017	0.5256	0.4794	0.5302	0.5253
荆门	0.5430	0.5533	0.5994	0.5981	0.5473
襄阳	0.6664	0.6747	0.6892	0.7207	0.6326
十堰	0.6295	0.6494	0.6521	0.6343	0.6496
随州	0.7334	0.7282	0.7447	0.7564	0.7095
恩施州	0.4649	0.5262	0.5907	0.5770	0.5409
全省	**0.5627**	**0.5784**	**0.6003**	**0.6134**	**0.5887**

从2012—2015年湖北省13个地市州综合

结果平均得分来看，随州市综合结果平均得分最高（0.7095），黄石市综合结果平均得分最低（0.4519），相对差距较为明显；单就2015年来看，湖北省13个地市州的排名依次为：武汉市、随州市、襄阳市、咸宁市、十堰市、宜昌市、荆门市、鄂州市、恩施州、孝感市、荆州市、黄冈市和黄石市。其中，高于湖北省平均值的有5个，低于湖北省平均值的有8个。

第四章

产业结构高级化与生态
文明建设融合程度测度

　　湖北省"十三五"发展规划纲要中明确提出，"生态环境质量进一步改善。在长江经济带率先形成节约能源资源和保护生态环境的产业结构、增长方式和消费模式。"其中，更是以"推进富强湖北建设"与"推进绿色低碳发展"两篇文章分别对湖北省未来五年的产业结构调整与生态文明建设做出了总体部署。在经济新常态下，产业结构优化升级和生态文明建设是湖北省目前面临的两项重大任务。如何实现产业结构调整与生态文明建设的有机融合发展？首先要厘清当前湖北省产业结构优化与生态文明融合发展程度，其次是找出影响产业结构优化与生态文明建设融合的影响因素，进而结合湖北省实际情况提出合理建议。

第一节　产业结构高级化与生态文明建设融合发展的内涵

一、融合发展概念与内涵

（一）融合发展的起源与概念

融合发展起源于产业经济学的相关理论，跨界融合发展是产业转型升级极其重要的趋势和成功模式。学术界对产业融合的讨论，最早源于数字技术的出现而导致的产业之间的交叉。早在 1978 年，美国麻省理工学院媒体实验室的尼古路庞特（Negrouponte）用三个重叠的圆圈来描述计算、印刷和广播三者的技术边界，认为三个圆圈的交叉处将成为成长最快、创新最多的领域。20 世纪 80 年代，美国哈佛大学的欧丁格（Oettinger）和法国作家罗尔（Nora）与敏斯（Mince）分别创造了 compunctions 和 telemetriqu 两个新词试图反映数字融合的发展趋势，把信息转换成数字后，将照片、音乐、文件、视像和对话通过同一种终端机和网络传送及显示的现象称为"数字融合"（Mueller, 1997）。此外，根据欧洲委员会"绿皮书"（Green Paper）的定义，融合是指"产业联盟和合并、技术网络平台和市场等三个角度的融合"；而美国学者尤弗亚（Yoffie, 1997）将融合定义为"采用数字技术后原来各自独立产品的整合"。以数字融合为基础，美国学者格林斯腾和卡恩纳（Greensteina & Khanna，1997）将产业融合定义为"为了适应产业增长而发生的产业边界的收缩或消失"。这个定义局限于以互联网为标志的计算机、通信和广播电视业的融合。

著名产业经济学家植草益（2001）给产业融合下的定义是：产业融合就是通过技术革新和放宽限制来降低行业间的壁垒，加强行业企业间的竞争合作关系。这个定义是从产业融合的原因及结果两方面来揭示产业融合的意义的。属于同一产业的企业群在产业内部、企业之间处于竞争关系，从产业的严密定义来看，超出产业之外就不能称为竞争关系。但是，通过技术革新一旦开发出了替代性的产品或服务，或者由于放宽限制，各产业的企业群就会积极地展开相互介入，从而处于相互竞争的状态之中。产业融合必然会使原有产业的竞争加剧，因而发生企业合并和企业倒闭，直至产业合并，导致产业界限的模糊化。

（二）产业融合发展的成因

产业间的关联性和对效益最大化的追求是产业融合发展的内在动力。从当今世界产业融合的实践来看，推动产业融合的因素是多方面的。

1. 技术创新是产业融合的内在驱动力

技术创新开发出了替代性或关联性的技术、工艺和产品，然后通过渗透扩散融合到其他产业之中，从而改变了原有产业中产品或服务的技术路线，由此改变了原有产业的生产成本函数，为产业融合提供了动力；同时，技术创新改变了市场的需求特征，给原有产业的产品带来了新的市场需求。为产业融合提供了市场空间。重大技术创新在不同产业之间的扩散导致了技术融合，技术融合使不同产业形成了共同的技术基础，并使不同产业间的边界趋于模糊，最终促使产业融合现象产生。例如，始于 20 世纪 70 年代的信息技术革命改变了人们获得文字、图像、声音三种基本信息的时间、空间及其成本。随着信息技术在产业中的融合以及企业局域网和宽域网的发展，各产业在顾客管理、生产管理、财务管理、仓储管理、运输管理等方面大力普及在线信息处理系统，顾客可以随时随地获得自己所需要的信息、产品、服务，致使产业间的界限趋于模糊。20 世纪 90 年代以来，产业融合成为全球产业发展的浪潮，其主要原因就在于各个领域发生的技术创新，以及将各种创新技术进行整合的催化剂和黏合剂——通信与信息技术的日益成熟和完善。作为新兴主导产业的信息产业，以每年 30% 的速度发展，信息技术革命引发的技术融合已渗透到各产业，从而导致产业的大融合。技术创新和技术融合是当今产业融合发展的催化剂，在技术创新和技术融合的基础上产生的产业融合是"对传统产业体系的根本性改变，是新产业革命的历史性标志"，成为产业发展及经济增长的新动力。

2. 竞争合作的压力和对范围经济的追求是产业融合的企业动因

企业在日新月异的竞争环境中不断谋求发展和扩张，不断进行技术创新，不断探索如何更好地满足消费者需求以实现利润最大化并保持长期竞争优势。当技术成为能够提供多样化的满足需求的手段后，为了谋求长期的竞争优势，企业便在竞争中产生合作，在合作中有所创新，从而实现某种程度的融合。利润最大化，成本最低化是企业的不懈追求。产业融合化发展，可以突破产业间的条块分割，加强产业间的竞争合作关系，减少产业间的进入壁垒，降低交易成本，提高企业生产率和竞争力，最终形成持续的竞争优势。企业间日益密切的竞争合作关系和企业对利润及持续竞争优势的不懈追求是产业融合浪潮兴起的重要原因。不同产业中的企业为追求范围经济而进行多元化经营、多产品经营，通过技术融合创新改变了其成本结构，降低了其生产成本，通过业务融合形成差异化产品和服务，通过引导顾客消费习惯和消费内容实现市场融合，最终促使产业融合化。

3. 放松管制为产业融合提供了外部条件

不同产业之间存在着进入壁垒，这使其存在着各自的边界。美国学者施蒂格勒认为，进入壁垒是新企业比旧企业多承担的成本，各国政府的经济性管制是形成不同产业进入壁垒的主要原因。管制的放松导致其他相关产业的业务加入本产业的竞争中，从而逐渐走向产业融合。为了让企业在国内和国际市场更有竞争力，让产品占有更多的市场份额，一些发达国家放松管制、改革规制，取消和部分取消对被规制产业的各种价格、进入、投资、服务等方面的限制，为产业融合创造了比较宽松的政策和制度环境。

二、产业结构高级化与生态文明建设融合发展的内涵

（一）产业结构升级促进生态文明建设

从人类文明发展史来看，农业文明和工业文明的形成无不与产业的演进息息相关。每一次产业分工及由此引发的产业结构转变，总是伴随着人类社会形态的更替，并形成一种新的文明。18世纪，以蒸汽机的诞生和应用为标志的工业革命爆发，工业替代农业成为经济社会发展的主导产业，拉开了人类工业文明的序幕；当前，人类社会正在向生态文明迈进，生态文明的建设和形成，必然也要求新兴的产业体系作为支撑，这是文明史发展的必然。

生态文明是对工业文明破坏生态的弊端进

行深刻反思和扬弃而形成的一种新的文明，致力于构建一个以资源环境承载力为基础、以自然规律为准则、以可持续社会经济文化政策为手段的环境友好型社会，实现经济、社会、环境的共赢。因此，生态文明的物质、技术基础是可持续的生产方式，生态型产业是其主导产业。形成"节约能源资源和保护生态环境的产业结构"，是生态文明由理论探讨向经济社会建设延伸的重要途径和突破口。

合理的产业结构是建设生态文明的物质基础。生态文明的基础是人与自然和谐的可持续的生产、生活方式。只有发展合理的产业结构，才能通过节能、降耗、减排来实现这种和谐的生产、生活方式。生态文明是人类更高层次的文明，建设生态文明需要社会各方面的努力，其中物质文明是根本，因此，合理的产业结构是建设物质文明的基础。

从生态文明和产业结构的内涵以及生态

文明与产业结构之间互为基础的特殊关系来看，随着社会经济的发展以及人类精神文明建设的不断推进，产业结构优化升级已成为应对全球环境问题及经济可持续发展问题的重大举措。

（二）生态文明建设要求倒逼产业结构优化升级

生态文明建设的要求会倒逼产业结构优化升级。随着"高污染、高耗能、高投入"等"三高"产业发展超过资源和环境的承载能力，对于企业生产的环境保护标准就会提高，即环境规制程度更加严格。根据"波特假说"，从动态角度来看，加强环境规制将激发企业研发和改进绿色生产技术或产品的创新动力，以期降低或抵消企业面对环境规制的遵循成本的不利影响。企业通过绿色技术创新，一方面达到了政府规定的减排或控污目标；另一方面也能增强企业的市场竞争力，有利于增加企业市场份额，进而为企业创造巨大的经济利益。

随着经济的发展和人们生活水平的提高，人类的需求逐渐增大，以至于简单地加大对资源环境的开发已经无法满足人类的需求，反而使环境遭受了巨大的破坏。当人们意识到传统模式的产业结构存在的种种问题时，生态文明的思想就逐渐清晰了。当发展遇到了资源"瓶颈"的制约，当生态环境因为人类需求的增加而遭到破坏，人们就必须考虑自身的生产、生活与生态环境问题，就必须以生态文明为指导调整产业结构，实现产业结构的优化。

就湖北省而言，2017 年人均 GDP 约为 8900 美元。根据"环境库兹涅茨曲线"的结果，在工业化初级阶段，经济快速发展，但环境污染加重；在工业化高级阶段，经济与环境逐步协调，拐点约在人均 GDP 10000 美元。可见，目前，湖北处于曲线拐点之前的两难区间，经济发展与环境保护的矛盾还将在较长时期内存在。生态环境承载力和环境容量对粗放式经济发展提出了改变的要求和硬性的约束。虽然各地在政策层面对生态文明的响应较为积极，但环境保护仍以行政手段为主线，尚未完全转化为企业转型发展的动能。

第二节　湖北省产业结构高级化与生态文明融合发展程度测度

一、湖北省产业结构高级化与生态文明建设融合发展测度模型构建

通常而言，计算两个系统之间的协调程度

采用耦合协调模型，这是一种借助物理学的耦合度函数展开测度的方法。耦合是指两个或两个以上的系统以运动的形式，通过各种相互作用而彼此影响的现象。耦合度是描述系统或要素彼此相互作用和影响的程度。耦合度是用来衡量子系统之间的相互依赖、相互作用的紧密关系程度。将耦合模型引入社会经济中具有因果关系的两个或多个系统的研究，能够明确各经济子系统在相互耦合中达到协同发展的影响过程。由此，可以把湖北省产业结构高级化程度与生态文明建设水平这两个产业子系统通过各自的耦合元素产生的彼此影响程度定义为"产业结构高级化程度—生态文明建设水平"的耦合协调度，其大小反映了二者协调发展的程度。

（一）耦合协调度模型

（1）指标效用函数。先要确定功效函数，在湖北省经济社会发展两个系统中，分别选取一定数量的序参量指标来代表存在耦合关系的产业结构高级化子系统和生态文明建设水平子系统。设变量 $X_{pq}(p = 1, 2, \cdots, l; q = 1, 2, \cdots, k)$ 为构成耦合系统的第 p 个子系统的第 q 个一级指标，即序参量，$x_{ij}(i = 1, 2, \cdots, m; j = 1, 2, \cdots, n)$ 为第 i 年的第 j 个二级指标，α_{ij} 和 β_{ij} 分别为序参量的最大值和最小值。序参量的值越大，子系统的效用越大时，该序参量为正效用指标；序参量的值越小，子系统的效用越大时，该序参量为负效用指标。序参量的功效系数 e_{ij} 可以表示为：

$$\begin{cases} e_{ij} = \dfrac{x_{ij} - \beta_{ij}}{\alpha_{ij} - \beta_{ij}} \text{（正效用指标）} \\[3mm] e_{ij} = \dfrac{\alpha_{ij} - x_{ij}}{\alpha_{ij} - \beta_{ij}} \text{（负效用指标）} \end{cases} \quad (4.1)$$

（2）指标权重。在耦合分析时，采取指标权重算法，可以用熵值法、层次分析法、德尔菲法等方法对指标进行赋权。

（3）指标贡献度。指标贡献度是指每个指标对系统的影响大小，其计算过程为：用指标的效用系数 e_{ij} 与其所对应的权重 w_j 进行加权求和，得出对应子系统 X_p 的总贡献值 $U_p = \{u_1,$ $u_2, \cdots, u_m\}$。贡献度的计算方式为：

$$u_i = \sum_{j=1}^{n} w_j \cdot e_{ij} \qquad (4.2)$$

（4）系统耦合度。本节所测度的对象为湖北省产业结构高级化与生态文明建设子系统，即两个系统之间的耦合协调程度，其耦合度可表示为：

$$C = \sqrt{\frac{U_1 \cdot U_2}{U_1 + U_2}} \qquad (4.3)$$

C 值在 [0，1] 之间，C 值越大，说明装备两个子系统之间的协调水平越高，反之，则越不协调。可以看出，系统耦合度 C 的大小受子系统总贡献度 U_p 的影响，当产业结构高级化子系统与生态文明建设水平子系统变化程度相近时，其系统耦合度会较高，反之则较低。

如果综合序参量 U_1 和 U_2 取值都较小，则求得 C 的值将会比较高，从而出现系统协调发展程度较高的伪结果，考虑到这种情况，可以进一步构建出耦合协调度模型，它不仅能评价该子系统交互耦合的程度，而且还能反映二者各自实际发展水平对系统耦合度的贡献大小。其公式为：

$$T = \gamma U_1 + \mu U_2 \qquad (4.4)$$

$$D = \sqrt{C \cdot T} \qquad (4.5)$$

其中，C 为耦合度；D 为耦合协调度；T 为反映两个子系统整体协同效应的综合评价指数；γ 和 μ 为待定系数，一般取 $\gamma = 0.4$，$\mu = 0.6$。

（二）耦合协调度模型评判标准划分

基于数据直观性的考虑，一般对耦合协调度 D 的数值进行等级划分，以便更清晰地看出其结果所代表的意义。根据均匀分布函数法确定的划分标准见表8。

表8 耦合协调度评价标准

序号	耦合协调度	协调等级	序号	耦合协调度	协调等级
1	0.00～0.09	极度失调	6	0.50～0.59	勉强协调
2	0.10～0.19	严重失调	7	0.60～0.69	初级协调
3	0.20～0.29	中度失调	8	0.70～0.79	中级协调
4	0.30～0.39	轻度失调	9	0.80～0.89	良好协调
5	0.40～0.49	濒临失调	10	0.90～1.00	优质协调

二、湖北省产业结构高级化与生态文明建设融合发展水平测度

（一）全省层面

以第二章对湖北省产业结构高级化程度的测度指数，以及第三章对湖北省生态文明建设水平的综合测度指数为基础（见表9），计算湖北省产业结构高级化与生态文明建设耦合协调水平。

表9　　2012—2015年湖北省产业结构高级化测度指数和

生态文明建设测度指数

指标	2012 年	2013 年	2014 年	2015 年
产业结构高级化测度指数	2.241	2.280	2.299	2.319
生态文明建设测度指数	0.5627	0.5784	0.6003	0.6134

根据耦合协调度计算需要，将表9中的湖北省产业结构高级化测度指数除以全国产业高级化程度平均值2.636的方法转换成［0，1］区间的数值，由此得到转换后的产业结构高级化测度指数（见表10）。

表 10　　　　　　标准化后的测度指数值

指标	2012 年	2013 年	2014 年	2015 年
产业结构高级化测度指数	0.850	0.865	0.872	0.880
生态文明建设测度指数	0.5627	0.5784	0.6003	0.6134

根据公式（4.4）和公式（4.5）的计算方法，形成湖北省层面2012—2015年产

业结构高级化和生态文明建设耦合协调度的
指数（见表 11）。

表 11　　　　2012—2015 年湖北省产业结构高级化与

生态文明建设耦合协调度

指标	2012 年	2013 年	2014 年	2015 年
系统耦合度（C）	0.582	0.589	0.596	0.601
耦合协调度（D）	0.628	0.639	0.650	0.658

由表 9 可知，无论是系统耦合度还是耦合
协调度的指标都显示，2012—2015 年，湖北省
产业结构高级化子系统和生态文明建设子系统
之间的协调发展程度在提高（见图 6），但是
从表 4-1 中耦合协调程度的判断标准来看，
湖北省产业结构高级化和生态文明建设协调等
级均在"初级协调"阶段，与"优质协调"
还有较大差距。

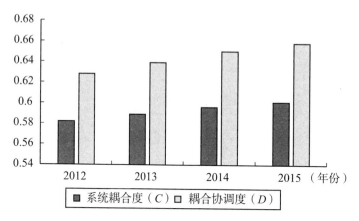

图6 2012—2015 年湖北省产业结构高级化与生态
文明建设耦合协调程度变化趋势

（二）地市州层面

采用与全省层面相同的计算方法，以第二章对湖北省各地市州产业结构高级化程度的测度指数，以及第三章对湖北省生态文明建设水平的综合测度指数为基础（见表12），对湖北13个地市州的产业结构高级化与生态文明建设子系统耦合程度进行测度。同样，根据计算需要，对表12中的地市州产业结构高级化测度指数进行了转换处理。

表 12　2012—2015 年湖北省各地市州高级化测度指数与
生态文明建设测度指数

地市州	2012 年		2013 年		2014 年		2015 年	
	产业结构	生态文明	产业结构	生态文明	产业结构	生态文明	产业结构	生态文明
武汉	0.927	0.6266	0.926	0.6821	0.931	0.723	0.940	0.7741
黄石	0.840	0.3945	0.843	0.46	0.847	0.4487	0.861	0.4897
黄冈	0.781	0.5892	0.787	0.5688	0.795	0.5416	0.809	0.5215
咸宁	0.813	0.5494	0.812	0.5861	0.815	0.6322	0.822	0.6407
孝感	0.802	0.4824	0.805	0.466	0.811	0.5567	0.819	0.5413
鄂州	0.817	0.5205	0.818	0.529	0.823	0.5503	0.831	0.5791
宜昌	0.817	0.6137	0.820	0.57	0.828	0.5955	0.834	0.6109
荆州	0.787	0.5017	0.787	0.5256	0.791	0.4794	0.804	0.5302
荆门	0.808	0.543	0.812	0.5533	0.819	0.5994	0.829	0.5981
襄阳	0.813	0.6664	0.817	0.6747	0.822	0.6892	0.832	0.7207
十堰	0.847	0.6295	0.846	0.6494	0.850	0.6521	0.861	0.6343
随州	0.808	0.7334	0.812	0.7282	0.818	0.7447	0.829	0.7564
恩施州	0.812	0.4649	0.819	0.5262	0.828	0.5907	0.837	0.577

根据公式（4.3）和公式（4.5）的计算方式，计算得出 2012—2015 年湖北省 13 个地市州产业结构高级化和生态文明耦合协调度（见表 13）。

表 13　　　**2012—2015 年各地市州产业结构高级化与**

生态文明建设耦合度

地市州	2012 年		2013 年		2014 年		2015 年		时间平均	
	C	D	C	D	C	D	C	D	C	D
武汉	0.611	0.676	0.627	0.699	0.638	0.717	0.652	0.740	0.632	0.708
黄石	0.518	0.545	0.545	0.578	0.542	0.574	0.559	0.597	0.541	0.574
黄冈	0.580	0.621	0.575	0.614	0.568	0.604	0.563	0.599	0.571	0.609
咸宁	0.573	0.612	0.583	0.628	0.597	0.649	0.600	0.654	0.588	0.636
孝感	0.549	0.579	0.543	0.572	0.575	0.615	0.571	0.610	0.559	0.594
鄂州	0.564	0.600	0.567	0.604	0.574	0.615	0.584	0.630	0.572	0.613
宜昌	0.592	0.641	0.580	0.623	0.588	0.636	0.594	0.645	0.589	0.637
荆州	0.553	0.584	0.561	0.595	0.546	0.575	0.565	0.601	0.557	0.589
荆门	0.570	0.608	0.574	0.614	0.588	0.636	0.589	0.638	0.580	0.624
襄阳	0.605	0.662	0.608	0.667	0.612	0.674	0.621	0.690	0.612	0.673
十堰	0.601	0.656	0.606	0.664	0.607	0.666	0.604	0.662	0.605	0.662
随州	0.620	0.688	0.620	0.687	0.624	0.695	0.629	0.703	0.623	0.693
恩施州	0.544	0.573	0.566	0.603	0.587	0.635	0.584	0.631	0.570	0.610
地域平均	0.575	0.619	0.581	0.627	0.588	0.638	0.594	0.646		

注：C 表示系统耦合度，D 表示耦合协调度。

由表 13 可知，总体上，除了武汉 2015 年耦合协调度为 0.740，达到中级协调以外，其他地市州 2012—2015 年产业结构高级化与生态文明建设融合程度都较低，在"勉强协调"和"初级协调"之间（见图 7）。

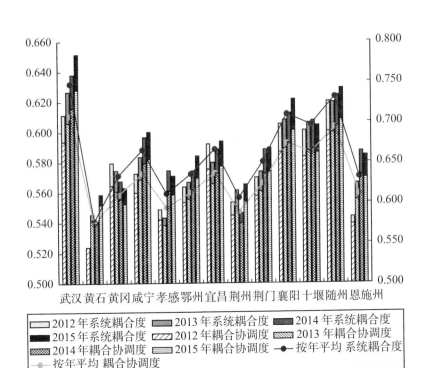

图 7　2012—2015 年各地市州产业结构高级化与生态文明建设融合程度

在各地市州层面，无论是系统耦合度还是耦合协调度，均是武汉产业结构高级化与生态文明建设水平融合发展程度最高（见图 8）。

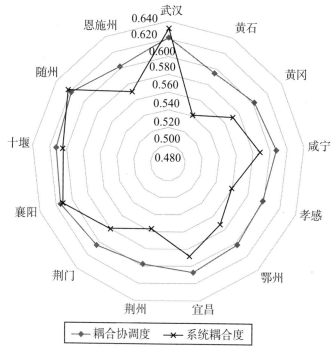

图 8　按时间平均各地市州耦合协调程度

变化趋势上，按地域平均后各地市州综合耦合协调程度在逐步提升（见图 8），但仍然处于"初级协调"等级。

第三节 湖北省产业结构高级化与生态 文明建设初级协调的原因分析

一、资源节约和环保技术水平仍然不高

湖北省是科技大省，但与沿海发达地区相比，科研成果数量及科研成果转化情况还有一定的差距，高新技术产业占国民经济的比重依然偏低，资源节约和环保技术水平还不高，制约着湖北生态文明的构建。主要体现在以下几个方面：一是技术创新意识有待增强。部分企业决策者缺乏创新的内在动力，对技术创新重视不够，企业用于新产品、新技术、新工艺的开发经费普遍不足；一些地

方和部门对技术进步和技术创新重视不够，对基层和企业创新工作缺乏热情。二是企业技术中心建设缓慢，创新能力欠缺。湖北省大中型企业科技机构总数在全国排名第15位，其中国家认定的技术中心13家，占全国总数的4%，远落后于上海市、山东省、江苏省等省市，同时缺乏创新能力。三是科研人员数量及研发投入不足，结构不完善。很多基础性和普遍性的生产技术问题未能得到及时解决，制约着技术创新的速度和进程。以部门和行业为核心的隶属关系造成的条块分割，给科技系统结构优化组合设置了障碍，科研单位与企业一体化遇到体制困难。研发投入水平偏低，远低于国际上认为有竞争力的8%的水平；与国内一些企业（如海尔、华为、中兴通讯等）相比，也有很大差距。

技术创新不仅是构建生态文明的强大武器，也是经济持久繁荣的不竭动力。面对新的机遇和挑战，世界主要国家都在抢占科技发展的制高点。我们必须因势利导，奋起直追，力争在世界新科技革命的浪潮中走在前面，坚持技术创新优先原则，推动我国生态文明建设尽快步入创新驱动、内生增长的轨道。要用科技的力量推动经济发展方式的转变。大力发展战略性新兴产业，要把新能源、新材料、节能环保、生物医药等作为重点，选择其中若干重点领域作为突破口，使战略性新兴产业尽快成为国民经济的先导产业和支柱产业。在能源资源方面，利用新技术降低消耗，提高能源资源利用效率，节约资源和保护生态环境，增强资源与生态环境对经济社会发展的持续支撑能力，促进经济社会发展并实现人与自然的和谐，实现人类的可持续发展。

在技术创新这方面，湖北省应坚持科技引领，不断提升自主创新能力，推动湖北省经济发展步入创新驱动轨道。强化东湖国家自主创新示范区的聚集、辐射和带动作用，加快推进光谷生物城、未来科技城、节能环保产业园、地球空间信息产业基地等创新型产业集群，推进一批重大产业项目落户。支持孝感、荆门争创国家高新区，促进创新产业、创新企业、创新平台向高新区集聚。强化企业自主创新主体地位，鼓励和引导企业加大研发投入，加强企业技术中心、工程中心和重点实验室建设，扎实推进创新型企业试点。支持企业与高校、科研院所、中介服务、金融机构形成"技术创新战略联盟"，构建多元化技术创新服务体系，促进科技成果转化。大力推进人才强省战略，继续实施知识产权战略和《全民科学素质行动计划纲要》；加快培养和造就创新创业型领军人才，大力引进开发急需紧缺专门人才；进一步优化人才发展环境，对高端、特殊人才实行特殊政策，采取特殊措施。

二、三次产业内部结构非均衡发展，高级化进程滞后

三次产业内部结构非均衡发展，高级化进程滞后。一是现代农业发展不足，基础地位还不稳固。改革开放以来，湖北省农业和农村经济取得了长足发展，然而农业的基础地位仍然比较薄弱，耕地、水资源等对增加农产品有效供给的约束不断强化，粮食等主要农产品稳定增产的基础还不稳固。

此外，农产品品质不优，优良品种的区域化、规模化生产和产业化经营水平不高，农产品质量安全还存在一定问题。由于无节制使用农药、化肥，造成农村生态环境恶化。

二是第二产业特别是重化工业发展主要依赖要素——扩张重化工业带来的经济快速增长背后，是湖北省资源能源消耗急剧增加，环境

污染日趋严重。虽然湖北省第二产业中高新技术产业规模较大，但是产品出口主要依赖外商投资企业和大量加工贸易来实现。企业主要承担劳动密集型加工组装工序，技术密集程度、研发比重和附加值都相当低，制造业所占比重虽大，但"大"而不"强"，后劲不足，可持续性差。

三是第三产业发展受到比重偏低与结构性缺陷等矛盾制约。改革开放以来，湖北省传统服务业所占比重不断下降，服务业内部结构有所改善，但从总量上看，与沿海发达地区相比，第三产业占国内生产总值比重明显偏低。从内部产业结构看，节约能源资源、保护生态环境的现代服务业增加值的比重较低，高端生产性服务业发展不快，有效供给严重不足，难以满足人们日益增长的对服务的需求，同时也影响了服务业自身竞争力的提升。比重偏低与结构性缺陷等矛盾相互掣肘，共同制约着湖北省服务业的增长和产业结构升级。

三、产业竞争形成价值链低端路径依赖, 高级化驱动力不足

生态文明建设一个很重要的方面就是资源的有效利用和优化配置及其经济结构效益的提高, 这必然要求自主创新能力的提升以及新兴产业和知识密集型产业的快速发展, 其实质是实现产业结构向高附加值、高技术化和高集约化的演进。

从国家层面来看, 我国产业结构名义高度化发展比较快。改革开放以来, 伴随着经济全球化快速发展, 发达国家制造业迅速向我国转移, 我国与世界经济的融合性逐渐提高, 并成为"世界工厂"。但在经济快速发展过程中, 我国产业链"两端在外", 承接的只是发达国家转移的劳动密集型加工制造环节等低附加值

产业和生产环节，研发、设计、咨询、营销、物流等生产性服务业需求外溢，使得我国工业所占比重虽然很高，但质量水平并不高。国内生产性服务业难以快速发展，国内收入水平与国内生产总值并不对应，消费服务业也难以带动，对我国产业结构优化形成制约。

作为九省通衢的中部省份，湖北省同样存在着产业链低端路径依赖问题，高级化驱动力不足。低端路径依赖的形成模式为：在传统模式下，与市场经济不断发展和工业化水平不断提高相适应，企业将逐步提高技术创新能力和动力。但由于技术进步过度依赖国外，我国企业创新能力，尤其是自主创新能力严重不足。由于技术来源主要依靠引进，各产业仍以传统产业为主，新兴产业和知识密集型产业占比较小，竞争力比较低。这种产业发展模式可以归结为：经济增长过度依赖投资，产业及技术升级过度依赖外资，出口过度依赖加工贸易。过度依赖投资导致我国高能耗企业增多，资源能源消耗严重；价格竞争则形成了对低要素成本和低价格竞争的路径依赖；经济增长对加工贸易的过度依赖，使得国内产业固化在一般加工制造业和组装环节，这恰恰是劳动力要素和中间原材料投入最为集中的环节，必然导致资源能源的高强度消耗和环境严重污染。因此，逐步摒弃资源消耗型经济模式，提高自主创新能力和产品核心竞争力，改变产业链地位，大力发展新兴产业和知识密集型产业，成为生态文明视角下产业结构优化的一个重要内容。

四、以重化工业为主导的发展阶段特点制约着产业结构调整

从国家层面看，我国目前经济发展已经进入工业化中期的后半段。这一时期的主要特点是：城市化加速推进，经济增长以重化工业为

主导。随着最终需求结构迅速变化，消费品内部由衣食等加工层次低的产品向以工业产品为原料的加工程度高的高层次产品升级，中间产品需求份额不断提高，而装备的更新、最终消费结构的转变、城市化步伐的加快以及大规模交通等基础设施建设，直接导致以能源、原材料、化工及机械装备为主的重化工业的发展。

重化工业发展主要依靠资金和物质等生产要素的投入来拉动，并不断强化投资与重化工业间的自我循环，能耗大的特点直接反映为环境污染和生态恶化。压低环保成本、土地成本、劳动力成本、资源成本等要素成本，换取重化工业发展支撑的经济快速增长，虽然使湖北省居民物质生活不断得到改善，却也加速恶化生存环境，高能耗增长给我国带来了前所未有的资源、环境压力。发达国家在工业化过程中，其经济发展也曾遇到资源、环境的压力，面临"增长的极限"，但许多发达国家经济没有止步不前，反而持续发展的主要原因是依靠技术进步，成功地实现了从以能源和资源的硬投入为主，向以技术和知识等软投入为主的转型，摆脱了资源、环境的困境。湖北省要实现以要素投入为主向以技术投入为主的经济发展方式转变，面临着科技水平低、资金投入少、技术人才短缺等现实问题。这些问题不同程度地制约着产业结构优化升级。

五、配套传统工业化道路的体制机制影响产业结构升级

配套传统工业化道路的体制机制影响产业结构升级。一是政府资源调控权过大。当前，各级政府很大程度上仍然把 GDP 看成选人用人的重要指标，以 GDP 为纲、追求 GDP 快速增长的机制，导致一些地方政府不顾资源的消耗和环境的污染，以零地价、财政补贴和金融支

持等方式吸引投资，盲目发展那些经济效益好、生态效益差的重化工业，放大了重化工业的弊端，严重破坏了生态环境。

二是资源等生产要素价格严重扭曲。我国生产要素市场建设滞后，很大程度上造成了对资源等生产要素的过度需求和浪费，激发了矛盾。例如，我国能源资源十分紧张，但是随着大量出口焦炭、电解铝等高耗能产品。我国华北地区水资源十分紧张，该区域钢铁等水耗高的产业发展却很快。问题主要成因在于，能源资源价格没有充分反映资源稀缺程度。合理的价格机制不仅可以激励市场主体节约能源资源，还能促进研发创新节约能源资源的新技术，进而推动生态文明视角下产业结构的优化。

第五章

促进湖北省产业结构优化升级与生态文明建设融合发展的对策

　　生态文明建设遵循的是可持续发展理念。它要求人们必须树立尊重自然、顺应自然、保护自然的生态文明理念，把生态文明建设放在突出地位，融入经济建设、政治建设、文化建设、社会建设各方面和全过程，努力建设美丽中国，实现中华民族永续发展。生态文明建设并不是要停止发展，搁置工业化进程，不是以经济的停滞不前缓解生态危机。"在当代中国，坚持发展是硬道理的本质要求就是坚持科学发展。"我们必须在发展工业化过程中大力推进生态文明建设，通过优化产业结构实现工业化进程与生态文明建设的同步发展，把工业化进程中产业结构演进的长期发展趋势与大力推进生态文明建设的基本国策统一起来。按照生态文明建设的要求，通过技术创新，对传统工业进行生态化改造，推进清洁生产，发展循环经济，优化工业内部结构，实现工业的可持续发展。同时，要顺应产业结构演变的长期趋势，大力发展第三产业，特别是现代服务业，使之逐步成为拉动国民经济增长的主导力量。只有推动经济持续健康发展，才能筑牢国家繁荣富强、人民幸福安康、社会和谐稳定的物质基础。

第一节　促进湖北省产业结构调整与生态文明建设协调发展的政策建议

一、总体上进一步调整和优化产业结构

(一) 创新驱动，促进产业转型升级

要运用高新技术改造提升支柱产业和传统产业，着力培育符合国家产业导向、有广阔市场前景、具有可持续发展优势的光电子信息、生物医药、节能环保和新能源产业。发挥武汉城市圈环保产业骨干企业在烟气脱硫、除尘、污水处理、垃圾焚烧发电及矿山生态环境恢复治理、固废综合利用、环境监测仪器等方面的优势，尽快培育一批拥有知名品牌、具有核心

竞争力、市场占有率高的环保骨干企业或企业集团。宜荆荆城市群和襄十随城市群是传统农业为主的经济结构，要加快推广普及生态农业技术和现代农业生产方式，大力推进高产高效基本农田建设，科学施肥用药，减轻农业面源污染。扶持养殖业废弃物特别是规模化畜禽养殖场粪便资源化利用示范工程建设，因地制宜推广保护性耕作，如生态渔业健康养殖、生态农业种植等，加快建设一批无公害农产品、绿色食品和有机食品基地。通过实施技术创新和政策创新等措施，大力发展循环经济、低碳经济和绿色经济，提高单位土地、能源、矿产资源、水资源及动植物资源的产出水平。同时，宜荆荆城市群和襄十随城市群是鄂西生态文化旅游圈的重要战略组成，要加快推进旅游与文化融合，大力发展生态旅游业。以现代商贸、金融、信息和物流为重点，加快发展生态服务产业。

（二）规划引领，推进结构调整

首先，要调整优化产业发展布局。以规划为先导，统筹三大城市群环境功能区划、环境容量和资源禀赋条件，调整优化产业发展格局，实现产业发展与生态环境相协调。积极推进规划环境影响评价，三大城市群内部各地市州及其有关部门组织编制土地利用规划和区域、流域建设、开发利用规划，以及工业、农业、畜牧业、林业、能源、水利、交通、城市建设、旅游、自然资源开发的有关专项规划，应依法进行环境影响评价，未经环评的规划不得审批。严格执行钢铁、建材、火电、纺织、化工企业环境准入制度，进一步制定或完善重点行业清洁生产标准，已建项目加快生产工艺升级改造，清洁生产达到国内先进水平。优化各市州开发区布局，整合开发区资源，完善开发区基础设施建设，推动优质要素和重要资源向开发区集中，优质项目和高端产业向开发区集聚，形成三大城市群区域经济竞相发展、合作共赢的良性互动格局。

其次，要强化产业结构的协调效应。发展经济的同时，需要注重经济与资源、环境以及人口等因素的协调，重视产业结构的优化升级。要促进技术密集型产业以及服务业的发展，进一步提升农业机械化、服务业现代化水平；对于第二产业，要强化科研力量，引用先进的技术，提升整体的生产效率和技术含量，促进整个产业结构的优化调整。此外，还要注重信息化技术的运用，逐步提升高新技术在产业的应用，促进产品附加值的提升，为整个产业的优化调整提供有利的条件。同时，要重视各市州发展自身的特色产业，不能过于偏重某个产业。湖北省 17 个城市都有各自不同的资源环境特征，要重视发展三大城市群内外不同城市的优势产业。譬如，在宜荆荆产业区：宜昌市重点发展水电、旅游、化工、生物医药、机械、船舶、新材料、商贸、物流等产业,形成区域性交通枢纽;荆州市要提升制造业水平,强化科技、金融、物流、旅游等功能,增强产业在区域的辐射带动能力,建成长江中游交通枢纽;荆门市重点发展石油化工、生物医药、机械电子、食品饮料、磷化工、水泥建材、纺织服装等产业。在襄十随汽车工业走廊中:襄阳、十堰、随州大力发展汽车及零配件制造,特别要提高研发水平,加强配套协作,提高纵向一体化程度,提升汽车产业集群在全国的竞争力。襄阳市重点发展汽车等先进制造业及交通、物流、商贸、生态文化旅游等,增强产业在圈域的辐射带动能力;十堰市重点发展汽车制造、交通、物流、信息、生态文化等,增强产业在区域的辐射带动能力;随州市重点发展特种专用汽车生产、特色农产品生产加工、纺织服装、文化旅游等,形成与武汉城市圈对接和配套的高技术转化基地。

二、加快推进湖北省绿色产业发展

(一) 发展现代生态农业

一是发展低碳化农业。农业的发展是三大产业的基础，而发展生态化农业就是发展低碳化农产业，促进农产业的可持续发展，维持生态平衡、纯洁生态环境、减缓二氧化碳浓度的增加，实施农业产业结构低碳化。主要从以下几方面实施：提高单产是强化农业低碳化的关键，要改变生产条件，增加科技投入，加强农田基本建设，提高农业的科技含量（如生物技术、工程技术等），可加大对农业基础设施的投入，改进农业生产手段，提高农产品附加值，结合湖北省农作物特点，重点推进水稻轻简化栽培和油菜、小麦、棉花、柑橘、茶叶、苎麻的机械化生产技术，形成较完善的体系规模后，再推广至其他种植业、林业、牧业、渔业等，实行循序渐进的优化升级；提倡对二次资源的利用率，特别是对废弃物的再利用，多利用可再生资源，如秸秆、沼气等；重视土壤保护和改良，多使用有机化肥，同时严格控制化肥、农药等的使用量，增加土壤有机物，提高单位面积产量，扩大碳吸收，减少碳排放；扩大人工草地，既能增加产草量，增强畜牧业发展，又能保护土壤，防治水土流失，减少碳排放。

二是实施农业集群化。湖北省农业应实施集群化农产业发展，利于提高效率，优化环境。一方面是加强农业产业园的建设，集中生产，便于科技技术的集中应用，促进农业生态发展。另一方面是结合湖北省各地域特点，发展属于本土的特色农产业，做到取长补短。第一，加强农业园的建设。基于湖北省人多地少的现状，在农业资源的利用上，不适宜粗放经营。目前，湖北省农业以传统的承包制为主要经营模式，其特点是高消耗、小规模、低收益。要因地制宜，改变当前结构，实现集约化发展。可运用资本化建立农业园，这需要在保证农村利益的前提下，对村民手中的土地进行有偿整合，通过有差转包、投资入股、出租等方式，将分散的土地集中经营，成为一个农业园，由农业专业技术人员组成公司进行统一管理，实现农产品从生产到加工、销售一体化，改变现在各自为政的状态，实现集群化发展。已交出土地的农民，可以继续受雇于农业园，平时可得工资，年终可得分红或租金。并且，科学的管理，利用机械化农机具和专业技术人员的指导，对于农民接受新技术更为有利，能更快地提高其素质和生产能力，加快实现农业现代化。第二，实施地域特色发展，打造湖北省特色农产品。如利用科学技术及鄂西南和鄂东南的资源优势，打造柑橘产业，使产品质量更为优良；利用科技手段，升级当前油菜产业，因为油菜的副产品有利用价值，可以对副产品进行二次加工，建立新型油脂化工产业；发挥"千湖之省"的水资源优势，发展渔业，既可以提高经济效益，又有利于净化环境。

三是打造综合型农产业。利用科技手段改进农业生产方式，控制化肥、农药的使用量，从而构建生态农业。在实施上述措施时，为了使农产业更好地主动升级，应在单项农业生产基础上发展集农业生产、加工、旅游度假于一体的综合型农产业。依托武汉城市圈和城际铁路的优势，发展综合型农产业，不仅能够生产农产品，还可为城市里的人提供生态休憩、亲近大自然的场所。由此一来，农产业发展以市场为导向，运用现代化的耕种模式，既产出且环保，生产与度假相结合，保证农业的生产过程，又维护自然资源的原貌，引导游客领略独特的田园风光、舒适的自然环境。全省全力打造"武汉城市圈板块，鄂州、黄石板块，恩施板块"三大休闲农业板块，以农家乐为基础，以休闲农庄为主体，以农业观光采摘园和民俗民居村落为补充，以农业科技园为引导，并带动五大主导产业（高端种植养殖业、高端休闲产业、有机农产品深加工业、生物科技服务业、房地产业）以及三大配套产业（休闲观光农业、生态旅游业、配套服务业），现已基本成规模的是"湖北武汉国家农业科技园区"。发展综合型产业，有利于提高农民的文化素质，促使农民努力学习并掌握现代科技知识和职业技能；有利于优化产业结构，拓宽农业功能，延长农业产业链，便于农副产品通过包装就地消费；也有利于农村加强农村环境的整治，呈现清洁的农业园面貌，主动迫使农业园经营者提高环保意识，为生产、休闲提供良好的场所。

（二）打造环保工业

目前，湖北省仍处于大力发展经济阶段，通过前文的分析可发现，工业产业的经济产值占湖北省三大产业总产值比重最大，并且这一状态还会持续相当长的一段时间。在国家实施"中国制造2025"战略背景下，湖北工业结构优化应符合国家政策指向，改变工业产业内部结构模式，从劳动密集型产业升级为科技密集型和资本密集型产业，大力推广科学技术，推行生产清洁化、制造绿色化，实施集群化产业，发展高端制造业，最终打造生态环保工业，符合生态文明的要求。

一是推进清洁生产。清洁化生产的内涵包括三个方面：清洁化能源，清洁化生产过程，清洁化产品。要求企业在生产之前，对生产实施清洁化加以审核，从原材料的选择、生产方式及手段，到产品最终形成的整个过程进行分析，从中选出使用绿色原材料、生产废弃物量较少、产品质量高的可行方案。通过不断改进，使企业的生产、管理、工艺、技术等方面达到更高水平；采取材料替代、工艺重新设计、效率改进等措施，在生产过程中减少有害物质的使用；加大绿色材料的投入和绿色产品的生产；对生产过程中的废弃物以及可循环产品进行再利用，构建资源回收渠道；对那些无法再利用的废弃物，建立严格的处理制度，不得直接排放没有经过处理的废弃物，减少污染排放。深化实施湖北省现行关于电力、钢铁、化工、建材等重点耗能产业之间的循环利用，提升资源、能源利用效率，大力建设煤气回收发电、燃气—蒸汽循环发电、余热余压发电、干熄焦、蓄热式燃烧、热电化联产项目，积极推进钢铁企业与发电企业"共同火力"项目，以及钢铁企业煤气提氢供化工企业作为生产原料，大力开展磷石膏等工业固体废弃物综合利用示范工程，加快推广大型新型干法水泥生产线协同处置城市污泥、生活垃圾和危险废弃物系统。

二是发展环保生态工业园。在工业园区内，企业间生产的副产品相互配套，延伸园区内产业链条，通过清洁生产、废物利用等手段，将一个或数个工厂产生的副产品作用于另一个工厂的投入原材料，最大限度地节约资源，减少污染，实现环保工业产业。因此，发展生态环保工业园有助于优化工业内部结构，其目标就是生态文明经济发展模式。目前已有沌口的汽车产业园区、电子元件类的工业园区、光谷高新区的工业园区、东西湖的配套物流园区、南湖科技园、武钢江南燃气化工科技工业园、光谷生物科技园、谷城循环经济工业园、黄石金禾科技工业园等，都是比较成形的生态工业园，可将其成熟的运行模式继续加以推广。生态工业园有利于土地的集约利用，能源的高效利用，废弃物的循环利用，有利于加强园区内企业之间的耦合关系，便于企业之间物质、能量、信息的交换，同时也有利于减少运输成本。并且，当其中一个或两个生产技术升级，必然会带动整个园区内所有企业生产技术的升级，可形成一个高效的工作系统。因此，生态工业园具有经济、社会、环保等多重效益，是生态文明经济发展中的重要措施。

（三）构建绿色服务业

湖北省的第三产业还处于初级阶段，主要依靠传统的服务行业。例如，湖北省的三大产业结构调整的方向要符合生态文明的要求，那么除了在第一、第二产业各自行业内进行调整升级之外，还需要依靠第三产业的升级带动第一、第二产业结构优化。因为现代的第三产业不再只是零售、批发、邮电通信、交通、房地产、餐饮住宿娱乐、仓储服务等传统产业，更纳入了金融、高新技术研发、软件、信息技术、管理咨询等现代服务业。这些现代服务业不仅能提高第三产业层次，还能辅助第一、第二产业提高产业层次，可以起到共同优化的作用。另外，服务业相比第一、第二产业来说，对自然资源的消耗和环境的污染程度较小，更符合生态文明产业发展的要求。

一是提升传统服务业层次。要发展绿色邮电通信业，大力加强新一代宽带无线通信技术及产品的研发、制造和示范应用，升级换代现行设备，使用辐射少的电信设备。要提升交通运输业层次。在运输方式上大力发展多式联运，突出"线"的衔接，加快发展铁水联运、水水联运、滚装联运、甩挂联运、接驳运输等先进运输方式；在使用运输工具上，引入绿色环保型工具，如电动汽车、标准化及专业化船舶、高铁、动车等；在线路上，打造长江黄金水道，完善沿江综合运输体系，同时推进"武汉—东盟"　"武汉—日韩"　航运通道建设。对餐饮、住宿娱乐业，要推行可多次重复使用或者可以回收再利用的器具，杜绝使用一次性筷子和盒子，对餐饮废气、废物、废水，严禁直接排放。应发展生态文明为宗旨的绿色旅游业。湖北省开发旅游产业可以考虑如下方式：湖北省是千湖之省，可利用全国独一无二的湖泊资源，发展集渔业、养殖与度假为一体的农业生态园，如梁子湖景区和仙桃市排湖景区都属于生态养殖旅游景区；湖北省南部接壤湖南，西部接壤重庆，拥有部分喀斯特地貌地区，可利用地理位置的优越性开发溶洞观赏，如咸宁和恩施开发综合型溶洞观光；湖北省为楚文化发源地，可以楚文化为背景，发展古城文化景区，如襄樊古隆中、荆州古城、随州炎帝神农故里等；利用咸宁的地理条件，如矿元素丰富，可用来发展温泉度假产业；在武汉市周边发展农业、自然生态旅游景区，如锦里沟、胜天农庄等；重点建设长江三峡观光度假旅游区、清江土家民俗生态文化旅游区。在开发生态文明旅游业的同时，一方面，可以结合生态环保的农产品的发展，实现共同发展，如英山的名茶、红安的花生等；另一方面，也使周边企业树立对自然资源的保护意识，自觉加强废水、废物、废气处理，从而形成一个利益共同体，会自发注意节约资源，实现生产清洁化，最大化地保护自然资源。

二是做强支柱服务业。湖北省的支柱产业包括商品流通业、金融业、房地产业，但将其与北京市、广东省、上海市等地同类产业相比，依然表现出较明显的弱小感，服务模式不能可持续发展，规模不够大，因此应做大、做强这三类行业，使之可持续发展。第一，加快发展商品流通业，使其成为商品质量优良、人们放心购买的行业。一方面，应利用武汉市东湖综合保税中心的优势，多发展保税商品店，让本省的人民可以享受优良且实惠的商品；另一方面，应培养属于湖北省自己的龙头商品流通企业，如中百、中商、武商等大型商贸企业，通过并购等方式构建更庞大的辐射网络，覆盖湖北全省。第二，发展多元化的金融服务业。金融服务业是经济发展的命脉，现代的衍生金融业不仅为企业融资提供了多元化的渠道，而且还能为企业在应用金融产品时规避远期风险。湖北省的金融业基本上还停留于吸收存款、放出贷款，呈现产品、方式单一化，特别是地级城市的金融业。地级城市金融业发达与否是决定湖北省农业能否实现现代化的关键因素，因为农业转型升级需要资金的支持，当然更需要金融业的支持。

三是加快发展先导服务业。先导服务业是采用新技术、新模式运作的服务业，且是能带动三大产业共同提升层次的服务行业。应大力发展高新技术服务业（生产性服务业）。高新技术服务业主要在于研发专利技术、信息技术、物联网技术。它的发展有利于提高农业和工业的生产水平和销售能力，能带动整个经济更高阶段的发展，是体现一个省内服务业发展程度高低的重要评价指标。可借助湖北省高校资源，发展产、学、研一体化建设，加强校企合作和科研成果的转换，形成一种良性的链条循环，即一条微笑曲线：学校研发→高新技术行业认证市场效应→工业/农业产生经济效益→货币→投入研发。当前，围绕制造业发展，湖北省主要打造武鄂黄（石）冶金建材、武随襄十汽车、武荆（门）宜化工纺织三条生产性服务业功能带，引导资源要素集聚，带动产业链优化升级。

四是发展"互联网＋"新经济形态。2015年3月5日，党的十二届全国人大三次会议上，李克强总理在政府工作报告中首次提出"互联网＋"行动计划。"互联网＋"是一种新的运作模式，或者称为平台，可以承载任何实体经济，为经济发展的增速提供了新动力。它结合物联网、云计算、社会计算、大数据等方面，利用"互联网＋某一行业/某一产业"这一运作模式，将人们的需求从实体提升到网络层面，利于更快速地发展。湖北省借助"互联网＋"的模式发展经济，可以为本省提供创新能力，并形成一种新形态。要结合湖北省实际情况，抢抓"互联网＋"重大机遇，加快推进传统产业升级，着力培育新产业、新技术、新业态，推动全省经济"竞进提质、升级增效"。

三、加快推进绿色屏障建设

一方面，要保证湖北省各城市内部公共绿地、永久基本农田、森林以及自然和人工水体不被侵占，严禁大城市无限制扩张城市边界，非特别需要，严格控制大型产业开发区和居住区的建设。另一方面，要加大建成区绿化带的建设，拓展公共绿色空间，增加人均绿地面积，充分利用生产空间和生活空间的闲置土地，增加绿化面积。除此之外，还应通过设定严格的环境保护标准细则，将责任落实到社会行为主体，包括企业、社会组织和城市居民个人家庭等。

湖北省各地市州行政主体应共同制定城市区域性生态修复法规以及生态修复保证金制度，加强对开发建设项目的监管和审批。以环保优先和自然修复为主，维护各城市范围内的江、河、湖等的健康生态；加强对天然林的保护，积极实施退耕还林，对生态比较脆弱、水土流失比较严重的区域进行封山育林；对湿地生态实施恢复工程，恢复其湿地功能；各城市以国家级和省级自然保护区为重点，加强对珍稀濒危野生动植物的保护，共同保护城市群的生物多样性。

要共同推进实施"碧水工程",加强城市范围内的江、河、湖等沿岸地区的污染治理,明显改善各城市水生态、水环境。此外,要按照主体功能区规划的要求,携手推进重点生态功能区的建设。除了加大财政转移支付力度外,还应积极探索在长江和汉江上中下游地区、重点生态功能区与城市化地区、生态保护区与受益地区之间建立横向的生态补偿机制,促进各城市协调发展。

要加快生态屏障建设,共建城市生态绿地。实施封山育林,加强水土流失综合治理,严格依法落实生产建设项目水土保持方案制度,加强各类开发建设项目水土保持监督管理,防止新增人为水土流失。推进生态公益林建设,改善林分结构,严格控制林木采伐和采矿等行为,加强自然保护区、风景名胜区、森林公园和地质公园建设,加强生物多样性保护，构建生态优良、功能完善、景观优美的生态网络体系。统筹考虑"绿心"涉及的有关县（市区）纳入国家重点生态功能区范围问题。不得随意改变自然保护区的性质、范围和功能区划。建设沿江、沿河、环湖水资源保护带及生态隔离带，增强水源涵养和水土保持功能。加强城乡绿化、长江防护林、森林公园等生态建设。

四、加快推进湖北省生态文明制度建设

从湖北省生态文明建设水平来看，制度建设仍是薄弱环节。首先，必须要建立健全自然资源产权法律制度，加快完成"三线一单"的编制，完善国土空间开发保护方面的法律制度，制定完善大气、水、土壤污染防治等法律法规。在当前经济社会发展阶段和技术水平条件下，要解决生态环境突出问题，确保生态环

境阈值底线不被突破，就必须使污染物排放监管制度更具有刚性和约束力，能够得到有效实施。建立严格监管所有污染物排放的环境保护管理制度，完善污染物排放许可证制度，禁止无证排污和超标准、超总量排污。对违法排放污染物，造成或可能造成严重污染的，要依法进行处理。

其次，要加快建立让生态损害者赔偿、受益者付费、保护者得到合理补偿的机制。结合深化财税体制改革，完善转移支付制度，归并和规范现有生态保护补偿渠道，加大对重点生态功能区的转移支付力度。引导生态受益地区与保护地区之间、流域上游与下游之间，通过资金补助、产业转移、人才培训、共建园区等多种方式实施补偿，不断规范补偿运行机制。

第二节　促进各地市州产业结构优化与
生态文明建设协调发展的建议

一、提高主要资源的利用效率

一方面，要运用循环经济理念指导区域发展。充分利用循环经济发展专项资金，支持循环经济重点项目，鼓励利用先进适用技术和节能环保技术，加快传统产业改造升级，推动支柱产业向生态化、无污染或少污染方向发展。积极推进武汉城市圈域内资源枯竭型城市转型，积极开发低碳技术，发展低碳产业，推动低碳经济发展。积极开发可再生能源和新能源，促进能源结构不断优化，建设科学合理的能源资源利用体系。宜荆荆城市群和襄十随城市群都提出"工业兴市"的发展战略,在战略实施中,要注重发展生态工业,以生态经济、循环经济的理念来指导"工业兴市"。

另一方面,推进资源节约集约利用是湖北省产业结构优化的有效手段之一,主要是针对武汉城市圈、宜荆荆城市群和襄十随城市群中工业较为发达的地市州,如武汉市、宜昌市、襄阳市、荆门市和黄石市等。节约资源是破解资源"瓶颈"约束、保护生态环境的首要之策。要实施自然资源节约集约利用,确保主要资源环境绩效指标与全国平均水平的差距逐步缩小。要积极引导城市的产业结构由以工业为主转向以第三产业尤其是现代服务业为主,大力推动高新技术产业和现代服务业发展,加大对落后产能淘汰工作的力度,提高现有工业生产的技术水平,改进生产工艺,减轻对资源环境的消耗和破坏。

具体来看,要着重提高咸宁市、孝感市和

荆门市的资源能源节约利用水平。主要通过提高单位建设面积二三产业增加值，清洁能源比重等指标来实现。湖北已形成"一主两副多极"的基本发展战略，咸宁市、孝感市和荆门市要积极承接所在区域的中心城市的支柱产业，加快自身产业结构的调整，发展高新技术产业、出口导向型产业和现代服务业等技术密集型产业，同时鼓励政府、高校和企业进行技术创新，加大引入适用技术的力度，提高对人才的福利待遇，吸引高质量人才的加入，促进城市的资源能源节约利用。黄石市作为资源枯竭型城市，虽然已经在逐步转型，但仍要加强对资源能源的集约利用，大力发展新的城市支撑产业，加快淘汰落后产能步伐。

二、加强环境治理和保护

良好的生态环境是生存之基、发展之本，

要统筹做好"保护""恢复""优化""建设"等工作，为自然生态环境和人居生态环境的持续优化提供保障。

第一，要加强湖泊与重点流域水污染综合防治。以削减入湖主要污染物为核心，抓好重点工程，加大湖泊水污染防治力度，保持重要湖泊水体质量稳定，加强湖泊流域生态建设，整治沿湖村庄环境，防治农村面源污染，尤其要加强长江、汉江等大江流域，武汉市东湖、沙湖、黄石磁湖等重要湖泊的污染防治。要进一步完善集中式饮用水源环境保护措施，防治饮用水源地周边的各类污染源和风险源，强化水源地水质定期监测并发布监测信息，确保饮用水安全。大力推进重点流域水污染防治，加大出境河流污染安全监测，逐步推行主要河流市（州）、县（区）跨界断面考核工作。加强对黄石市、黄冈市、武汉市等城市水质的改善工作，通过加强对企业排放的工业废水的监管，提高污水排放的达标率，同时促进水资源的再次利用。对于生活污水，应积极推广分散式生物集成处理系统，作为集中式污水处理设备的补充，强化对生活污水的处理和回收利用。

第二，要改善城市大气环境质量。有效削减二氧化硫排放总量，开展氮氧化物控制，探索减氮控制措施，保证空气环境质量安全，努力使城市空气环境质量达二级标准的天数增加。加强重点行业大气污染源治理，防范化工、医药、冶金等行业有害有毒废气污染。控制可吸入颗粒物和挥发性有机物排放，开展城市大气复合污染、挥发性有机物和垃圾焚烧二次污染防治工作。尤其是要加大武汉市、鄂州市和咸宁市的大气质量保护力度。主要通过提高工业粉尘去除率等指标来改善大气质量现状。

第三，加强固体废弃物污染治理工作。要

完善危险废弃物、医疗废弃物等固体废弃物的收集和交换网络体系，加快处理处置设施建设，使危险废弃物基本得到安全处理处置，建成全省范围内的医疗废弃物集中处理设施。发展废旧物资回收网络，建成覆盖全省、运作规范的再生资源回收体系。开展工业固体废弃物重点企业清洁生产审计，减少固体废弃物产生，加强工业固体废弃物资源化利用。尤其是要改善黄石市、咸宁市等城市的固废排放情况，要促进城市对于生活垃圾的"微降解"，通过法律或者规章制度来鼓励或强制实行生活垃圾分类处理，从源头上控制生活垃圾的乱排乱放。

此外，湖北省各地市州要同时加大对环保投资的力度，促进环保产业的发展，积极引导环保组织和个人对于环境保护的宣传，促进全民参与，提倡出行绿色化，改善生态环境。

三、加大生态制度执行力度

习近平总书记指出，"只有实行最严格的制度、最严密的法治，才能为生态文明建设提供可靠保障。"① 只有把制度建设作为重中之重，着力破除制约生态文明建设的体制机制障碍，才能走向生态文明新时代。

生态文明制度建设包括健全相关法律法规，生态环境监管制度，生态保护补偿制度，政绩考核制度和责任追究制度等方面。

从指标得分以及湖北省各地市州生态文明建设水平来看，要着重加强对黄石市、黄冈市、荆门市和咸宁市的生态制度建设。生态制度的建设有利于这些市州加强响应系统的建设，黄石市、黄冈市、荆门市和咸宁市等中小

---

① 中共中央文献研究室．习近平关于社会生态文明建设论述摘编［M］．北京：中央文献出版社，2017.

城市在生态文明建设方面的积极性相对于武汉市、宜昌市等大城市而言较弱，对经济社会发展的投入远高于对生态文明建设的投入。因而，在生态制度建设方面，中小城市不仅要加快建立和完善生态文明相关制度，譬如推进自然资源资产负债表的编制，完善生态补偿机制，同时也要关注制度落实的情况，建立制度制定、落实和监管的长效机制。

四、进一步加强区域协调发展

要发挥湖北省中小城市主观能动性，强化中、小城市在城市群或城市圈中的地位和功能。湖北省"一主两副多极"的发展格局已基本形成，黄石市、黄冈市、咸宁市和孝感市是武汉城市圈的一部分，荆门市位于宜荆荆城市圈，十堰市和随州市则属于襄十随城市圈。中、小城市要认清自身在各自城市圈的功能和定位，积极发展和承接武汉市、宜昌市及襄阳市的优势产业，提高大中小城市的互动和协同性，引入武汉市、宜昌市和襄阳市的优质教育、医疗、公共服务等资源，提高自身公共服务水平的同时化解大城市的承载压力。此外，湖北省中、小城市的国土空间开发格局优化同样十分重要。当前，虽然城市开发强度不高，但仍需要科学的规划和建设，在工业化和城市化的中后期避免大城市集中爆发资源、环境承载力超载的现象发生。

湖北省各地市州国土空间布局优化有利于城市宜居宜业的建设，也是城市生态文明建设的重要内容。通过合理布局城市主要产业，理顺大型产业开发区与大型居住区、就业密集区和居住密集区的空间配置关系，来实现城市三生空间（生产空间、生活空间、生态空间）的有机融合。

当前，以武汉市为典型代表的湖北省城市

中心城区开发强度大，交通拥堵，噪声严重，休闲和交流空间不足；郊区建设低密度蔓延，用地效率不高。工业园区、居住区和商业区规模较大且相距较远，人们生活不便，又增加了交通压力。面对这种情况，城市的建设应设定科学的规划，将城市的经济发展规划、环境保护规划等多个规划统筹兼顾，从城市建设和发展的源头上协调三生空间的配置关系，避免出现低效的重复建设和重生产、轻生活，为发展生产而损害生活、生态的现象发生。

要重视城市间跨界生态系统的协调效应，构建一个开敞的绿色空间，加大生态区域的保护，围绕各城市生态空间的衔接，系统规划建设生态廊道。基于各城市生态空间的衔接，系统规划生态廊道的建设，要考虑到各城市的交通概况，重视区域内部的协调性，避免无序蔓延。针对核心城市区域，在规划时，要保证不同城市间都有绿色间隔，从而避免对外围城市与核心城市的生活造成不利影响，此外，还要注重整体建设开发的有序发展。

要严格执行生态空间管制，确保生态系统功能效用的持续稳定发展。实行严格保护，确保生态保护区面积不减少，区域生态功能不降低，重要生态功能单元保护面积达到30%，各级各类自然保护区面积稳中有增。禁止开发区、饮用水水源一级保护区、重要生态功能区、生态敏感区、长江重要水产种质资源保护区核心区开发建设活动。依托"山—江—湖"构筑区域生态网络屏障，逐步提升森林生态服务功能，扭转湿地生态系统恶化趋势，积极开展红线区生态修复工作。

参 考 文 献

［1］胡锦涛．高举中国特色社会主义伟大旗帜　为夺取全面建设小康社会新胜利而奋斗——在中国共产党第十七次全国代表大会上的报告［J］．求是，2007，21.

［2］胡锦涛．坚定不移沿着中国特色社会主义道路前进　为全面建成小康社会而奋斗——在中国共产党第十八次全国代表大会上的报告［J］．求是，2012，22.

［3］习近平．中共中央关于全面深化改革若干重大问题的决定［M］．北京：人民出版

社，2014.

[4] 中共中央关于制定国民经济和社会发展第十三个五年规划的建议 [N]. 人民日报，2015 – 11 – 05.

[5] 习近平. 决胜全面建成小康社会　夺取新时代中国特色社会主义伟大胜利 [N]. 人民日报，2017 – 10 – 28.

[6] 张高丽. 大力推进生态文明　努力建设美丽中国 [J]. 求是，2013，24.

[7] 张高丽. 节约资源、保护环境、努力建设美丽中国 [J]. 资源节约与环保，2014，12：2.

[8] 中共中央国务院关于加快推进生态文明建设的意见 [N]. 人民日报，2015 – 05 – 06.

[9] 中共中央国务院印发《生态文明体制改革总体方案》 [J]. 中华人民共和国国务院公报，2015，28：4 – 12.

［10］国务院发展研究中心课题组．生态文明建设科学评价与政府考核体系研究［M］．北京：中国发展出版社，2014.

［11］简新华，钟涛．调优产业结构是湖北走在长江经济带建设前列的关键［J］．政策，2014（8）：43－46.

［12］严耕，林震，杨志华等．中国省域生态文明建设评价报告（ECI 2010）［M］．北京：社会科学文献出版社，2010.

［13］成金华，陈军，李悦．中国生态文明发展水平测度与分析［J］．数量经济技术经济研究，2013（7）：36－50.

［14］张欢，成金华．湖北省生态文明评价指标体系与实证评价［J］．南京林业大学学报（人文社会科学版），2013（3）：44－53.

［15］张欢，成金华，陈军等．中国省域生态文明建设差异分析［J］．中国人口资源与环境，2014，24（6）：22－29.

[16] 郑红霞，王毅，黄宝荣．绿色发展评价指标体系研究综述 [J]．工业技术经济，2013（2）：142－152．

[17] 黄羿，杨蕾，王小兴．城市绿色发展评价指标体系研究——以广州市为例 [J]．科技管理研究，2012，32（17）：55－59．

[18] 常纪文，王克颖．论绿色发展指数体系的完善 [J]．环境保护，2018（7）．

[19] 成长春，汤荣光，杨凤华．长江经济带：走好生态优先绿色发展之路 [J]．人民周刊，2017（19）：54－55．

[20] 蒋本华，谢升峰．湖北省产业结构调整分析 [J]．中国集体经济，2015（6）：28－29．

[21] 张中华，刘继兵．经济转型、结构性约束与就业增长——基于湖北省产业结构调整和就业增长的实证分析 [J]．中南财经政法大学学报，2005（3）：3－10．

［22］邹伟进，王简辞．湖北省产业结构调整趋势研究［J］．湖北社会科学，2005（6）：58－61．

［23］聂名华，朱继军．外商直接投资与湖北产业结构调整的实证分析［J］．湖北社会科学，2010（5）：63－65．

［24］刘卉．湖北省产业结构调整对人才需求的研究［D］．武汉：武汉理工大学，2007．

［25］佟香宁，杨钢桥，王绍艳．湖北省产业结构分析及优化对策［J］．资源与产业，2007，9（4）：12－15．

［26］肖兴笛．湖北省产业结构演进与发展路径研究［D］．武汉：华中农业大学，2015．

［27］郝汉舟，王瑞霞．湖北省产业结构与环境污染关系计量分析［J］．资源开发与市场，2016，32（10）：1178－1183．

[28] 王勇.湖北省产业结构与环境质量的耦合协调关系研究 [D].荆州:长江大学,2015.

[29] 魏迎迎.湖北省承接产业转移对产业结构升级的影响研究 [D].荆州:长江大学,2017.

[30] 郝汉舟,汤进华,翟文侠.湖北省绿色发展指数空间格局及诊断分析 [J].世界地理研究,2017,26 (2):91-100.

[31] 蒋勇.环境规制对产业结构升级的影响机理及效应分析——以湖北省为例 [J].知识经济,2017 (21):12-13.

[32] 李广析.基于 VAR 模型的湖北省产业结构转型研究 [J].统计与决策,2017 (1):145-148.

[33] 吴强.基于生产效率的区域产业结构优化研究——以湖北省为例 [D].武汉:华中科技大学,2013.

［34］李迎．基于碳排放的湖北省产业结构优化研究［D］．武汉：华中师范大学，2012．

［35］吴静．区域"两化融合"绩效评估理论与实证分析［D］．广州：广东工业大学，2011．

［36］赵毅．马克思生态文明理论视角下的湖北省产业结构优化研究［D］．武汉：武汉工程大学，2015．

［37］秦梦，孙毅．青岛市生态文明与产业结构优化的耦合研究［J］．中共青岛市委党校·青岛行政学院学报，2018（1）．

［38］杨玲．生态文明建设下产业结构调整与优化研究［J］．大连干部学刊，2016（10）：55－60．

［39］王丽媛．生态文明视角下的产业结构优化与发展对策研究［J］．科技经济市场，2014（12）：18－18．

［40］徐增文，何庆龙．生态文明视角下

我国产业结构优化再审视 [J]. 南京政治学院学报, 2012, 28 (6): 52-56.

[41] 刘徐方. 生态文明视角下中原经济区产业结构优化 [J]. 改革与战略, 2014 (1): 79-81.

[42] 徐可莉. 外商直接投资对湖北省产业结构升级的影响研究 [D]. 成都: 西南财经大学, 2014.

[43] 周文. 稳增长、促就业和低碳转型可以兼顾吗? ——基于湖北省社会核算矩阵的分析 [J]. 生态经济 (中文版), 2017, 33 (1): 67-72.

[44] 林勇斌. 我国人类绿色发展指数省际差异研究 [D]. 厦门: 集美大学, 2016.

[45] 贺胜兵, 谭倩, 周华蓉. 污染减排倒逼产业结构调整的效应测算——基于投入产出的视角 [J]. 统计与信息论坛, 2015, 30 (2): 15-23.

[46] 胡彪, 杨三变. 优化产业结构, 建设生态文明 [J]. 天津大学学报 (社会科学版), 2010, 12 (4): 296-298.

[47] 马勇, 黄智洵. 长江中游城市群绿色发展指数测度及时空演变探析——基于GWR模型 [J]. 生态环境学报, 2017, 26 (5): 794-807.

[48] 黄志红. 长江中游城市群生态文明建设评价研究 [D]. 北京: 中国地质大学, 2016.

[49] 郝汉舟, 周校兵. 中国省际绿色发展指数空间计量分析 [J]. 统计与决策, 2018 (12).

[50] 刘军跃, 万侃, 钟升. 重庆生产服务业与装备制造业耦合协调度分析 [J]. 武汉理工大学学报 (信息与管理工程版), 2012, 34 (4): 485-489.

[51] 刘军跃, 李军锋, 钟升. 生产性服

务业与装备制造业共生关系研究——基于全国31省市的耦合协调度分析 [J]. 湖南科技大学学报（社会科学版），2013，16（1）：111 - 116.